U0958140

会计学的发展与应用研究

张仕军◎著

中国建材工业出版社
北　京

图书在版编目（CIP）数据

会计学的发展与应用研究/张仕军著. --北京：中国建材工业出版社，2024.2

ISBN 978-7-5160-3912-0

Ⅰ. ①会... Ⅱ. ①张... Ⅲ. ①会计学-研究 Ⅳ. ①F230

中国国家版本馆 CIP 数据核字（2023）第 222354 号

会计学的发展与应用研究

Kuaijixue de Fazhan yu Yingyong Yanjiu

张仕军　　**著**

出版发行：中国建材工业出版社

地　　址：北京市海淀区三里河路 1 号

邮　　编：100044

经　　销：全国各地新华书店

印　　刷：北京传奇佳彩数码印刷有限公司

开　　本：787mm×1092mm　1/16

印　　张：9.75

字　　数：129 千字

版　　次：2024 年 2 月第 1 版

印　　次：2024 年 2 月第 1 次

定　　价：59.80 元

本社网址：www.jccbs.com，微信公众号：zgjcgycbs

请选用正版图书，采购、销售盗版图书属违法行为

版权专有，盗版必究，举报有奖。

本社法律顾问：北京天驰君泰律师事务所，张杰律师

举报信箱：**zhangjie@tiantailaw.com**　举报电话：**（010）68343948**

本书如有印装质量问题，由我社市场营销部负责调换

联系电话：**（010）88386906**

前言

财务会计作为传统的对外提供财务报告的会计，随着技术和经济环境的变化，其理论和实务也在发展。首先，信息技术的日新月异为财务会计工作的现代化带来了机遇，众多信息披露工具的出现也给财务会计带来了前所未有的竞争压力，传统的财务会计面临如何适应新技术环境的挑战，以求得生存和发展；其次，近年来资本市场的迅猛发展，业已成为我国财务会计改革和发展的主要动力，上市公司规模大，业务复杂，组织设计和业务创新层出不穷，不断给财务会计实务提出新的课题，当然也给财务会计理论的发展带来了动力。

会计作为一种商业语言，其国际化的呼声和压力空前高涨，会计标准是否国际化已成为衡量我国市场经济地位的重要指标。针对财务会计所处的经济环境及发展趋势，本书内容的安排力求体现现实性和前瞻性，既立足于我国财务会计的理论知识，又与我国现实的经济环境和会计实务相结合，及时反映我国财务会计的新动向和新发展。

会计理论框架体系是支持和指导各种经济体制下各个行业会计实践的主要基础所在，可以说，随着市场经济环境的变化，会计理论也产生了变革。在经济环境演变发展的过程中，人们对于会计理论的认识从无到有，从粗放到精细。本书通过对会计基本理论的描述，使读者了解、掌握会计的基本理论、基本方法和基本技能，完善经济管理方面的综合知识结构，增强经济管理的认知与操作能力。本书还对会计工作的整个流程做出了较为详细的总结与分析，以期为从事会计工作的人员打下一定的基础。

在撰写本书的过程中，笔者查阅和借鉴了大量的相关资料，在此向其作者表示诚挚的感谢。此外，本书在撰写的过程中，也得到了相关专家和同行的支持与帮助，在此一并致谢。由于作者水平有限，加之时间仓促，书中难免出现纰漏，敬请广大读者批评指正。

目录

第一章　会计的基本理论

第一节　会计概述

一、会计的产生与发展

在人类社会中，生产是人们赖以生存和发展的最基本的实践活动。人们的衣、食、住、行都需要消费一定的物质资料，而要取得这些物质资料，就要进行生产。人们在生产实践中，一方面要创造财富，另一方面要耗费物化劳动和活劳动。为了合理地安排劳动时间，以尽可能少的劳动耗费生产出尽可能多的物质财富，来满足生产和生活的需要。为此，就必须建立专门的职能，履行对物质财富生产过程占用、消耗及成果的记录、计算、分析和考核，实现以最少的占用、最小的消耗取得最满意的成果，这一专门职能就是会计。

由上可见，会计的产生是人类社会在其生存发展中对物质财富的生产过程占用、消耗的关系和管理的必然要求，是社会生产实践的需要。但是，并非人类一有生产实践活动就产生了会计思想和会计行为。在人类生产、生活水平还极端低下、人类生存受到严重威胁的情况下，根本不可能产生会计思想和会计行为。“结绳记事”“刻竹为书”“垒石计数”都是最初的会计手段。这些原始的计量方式，适应了当时社会生产力的发展水平，较好地满足了早期人类社会狩猎、捕鱼、采集、牧养、取种、物物交换以及论功行赏的需要。但是，在当时的原始社会里，会计只是“生产职能的附带部分”，没有成为一项专门的工作。只有当社会生产力发展到一定阶段，会计才逐渐从生产职能中分离出来，形成特殊的、专门的独立职能，成为专职人员从事的一项经济管理工作。

经过会计学家的考证，人类社会只有在奴隶社会的晚期，随着社会剩余产品的增多，在劳动者之外，才出现了一些专门的阶层，他们为生产劳动提供一些辅助工作。在这些专门阶层中，有专门用来记录、报告劳动的过程和结果的人员。这一阶层的出现，标志着会计萌芽的产生。

进入封建社会后，社会制度的发展呈现出一定的差异。在中国是以皇帝为统治者的高度中央集权的社会体制，整个社会是一个封建大家庭。同一时期的欧洲封建社会，则是以各封建主为中心，形成了大大小小的庄园。各庄园主在自己的庄园内，拥有至高无上的权力。这样就出现了两种不同的社会结构：一种是中央高度集权的社会体制；另一种则是各庄园主相对独立的社会体制。由于社会制度的这种发展，从而产生了两种侧重点不同的会计，即以服务于奴隶主和后来封建王朝的财产记录与保管为主的官厅会计，以及中世纪服务于庄园主的、以最初报告委托与受托责任为目的的庄园会计。这一阶段的会计总体水平较低，不存在专门的记账方法，也不存在统一的货币计价。对财富和经济活动的记录，是通过文字叙述的方式进行的，在这一时期的会计基本上属于单式簿记。而单式簿记对经济活动采取序时流水登记的方法，仅仅起到“账房管家”的作用。

随着资本主义的产生，各种商业活动开始活跃起来，商人们在大量的商业交易中，经常发生贷入和借出资金业务，此时，不仅会计知识得到空前普及，而且单式簿记也已很难满足商业经营管理对会计的基本要求。为适应经营管理的需要，较为成熟的复式簿记方法开始产生，并运用于地中海沿岸的威尼斯、热那亚和佛罗伦萨。1494 年，修道士卢卡·帕乔利（Luca Pacioli）出版了《算术·几何·比与比例概要》一书。在这本书中，以“计算与记录样论”为题，系统地介绍了流行在意大利威尼斯一带的复式簿记方法。这标志着会计从单式簿记时期进入到复式簿记时期，成为会计发展史上的第一个里程碑。

股份有限公司这种经营形式的出现，使资产的所有权与经营权分离。投资者和债权人迫切要求公司公开财务报表，政府相应公布了有关法规，会计职业界为此制定了公开会计信息的基本规范——会计原则，于是形成了以提供对外财务信息为主要任务的财务会计。与此同时，催生了服务于社会的职业会计师制度。随着现代经济的不断发展，现代会计分化为财务会计和管理会计，会计方法不断创新，会计信息的处理手段从手工操作逐渐向电算化过渡，会计理论也空前繁荣。

会计的产生和发展的历史证明，会计是应人类生产实践和经济管理的客观要求而产生与发展的。经济愈发达，会计愈重要。正如马克思指出的："生产过程越是按社会的规模进行，越是失去纯粹个人的性质，作为对过程的控制和观念总结的簿记就越是必要；因此，簿记对资本主义生产比对手工业和农业的分散生产更为重要，对公有生产比对资本主义生产更为重要。"

二、会计的定义

会计是以货币为主要计量单位，反映和监督各单位经济活动的一种经济管理工作。在企业，会计主要反映企业的财务状况、经营成果和现金流量，并对企业经营活动和财务收支进行监督。会计是随着人类社会生产的发展和经济管理的需要而产生、发展并不断完善起来的。人类文明不断进步，社会经济活动不断革新，生产力不断提高，会计的核算内容、核算方法等也得到了较大发展，逐步由简单的计量与记录行为发展成为以货币单位综合地反映和监督经济活动过程的一种经济管理工作，并在参与单位经营管理决策、提高资源配置效率、促进经济健康持续发展方面发挥积极作用。

三、会计的作用

会计是现代企业的一项重要的基础性工作，通过一系列会计程序，提供对决策有用的信息，并积极参与经营管理决策，提高企业经济效益，服务于市场经济的健康有序发展。具体来说，会计在社会主义市场经济中的作用，主要包括以下几个方面：

第一，提供对决策有用的信息，提高企业透明度，规范企业行为。

企业会计通过其反映职能，提供有关企业财务状况、经营成果和现金流量方面的信息，是包括投资者和债权人在内的各方面进行决策的依据。比如，对于作为企业所有者的投资者来说，他们为了选择投资对象、衡量投资风险、作出投资决策，不仅需要了解企业包括毛利率、总资产收益率、净资产收益率等指标在内的盈利能力和发展趋势方面的信息，也需要了解有关企业经营情况方面的信息及其所处行业的信息；对于作为债权人的银行来说，他们为了选择贷款对象、衡量贷款风险、作出贷款决策，不仅需要了解企业包括流动比率、速动比率、资产负债率等指标在内的短期偿债能力和长期偿债能力，也需要了解企业所处行业的基本情况及其在同行业所处的地位；对于作为社会经济管理者的政府部门来说，他们为了制定经济政策、进行宏观调控、配置社会资源，需要从总体掌握企业的资产负债结构、损益情况和现金流转情况，从宏观上把握经济运行状况和发展变化趋势。所有这一切，都需要会计提供有助于他们进行决策的信息，通过提高会计信息透明度来规范企业会计行为。

第二，加强经营管理，提高经济效益，促进企业可持续发展。

经营成果、竞争能力和发展前景，在一定程度上决定着企业的前途和命运。企业经营管理水平的高低直接影响着企业的经济效益。为了满足企业内部经营管理对会计信息的需要，现代会计已经渗透到企业内部经营管理的各个方面。比如，企业会计通过分析和利用有关企业财务状况、经营成果和现金流量方面的信息，可以全面、系统、总括地了解企业生产经营活动情况、财务状况和经营成果，并在此基础上预测和分析未来发展前景；可以通过预算的分解和落实，建立起内部经济责任制，从而做到目标明确、责任清晰、考核严格、赏罚分明。总之，会计通过真实地反映企业的财务信息，参与经营决策，为处理企业与各方面的关系、考核企业管理人员的经营业绩、落实企业内部管理责任奠定基础，有助于发挥会计工作在加强企业经营管理、提高经济效益方面的积极作用。

第三，考核企业管理层经济责任的履行情况。

企业接受了包括国家在内的所有投资者和债权人的投资，就有责任按照其预定的发展目标和要求，合理利用资源，加强经营管理，提高经济效益，接受考核和评价。会计信息有助于评价企业的业绩，有助于考核企业管理层经济责任的履行情况。比如，对于作为企业所有者的投资者来说，他们为了了解企业当年年度经营活动成果和当年资产保值和增值情况，需要将利润表中的净利润与上年度进行对比，以反映企业的盈利发展趋势；需要将其与同行业进行对比，以反映企业在与同行业竞争时所处的位置，从而考核企业管理层经济责任的履行情况；对于作为社会经济管理者的政府部门来说，他们需要了解企业执行计划的能力，需要将资产负债表、利润表和现金流量表中所反映的实际情况与预算进行对比，反映企业完成预算的情况，表明企业执行预算的能力和水平。所有这一切，都需要会计提供信息。

第二节　会计与企业

一、企业的性质

企业是指从事生产、运输、贸易等经济活动，以营利为目的，进行自主经营、独立核算的经济组织，如工厂、商店、农场、矿山和运输公司等。

企业首先是一种经济组织，它区别于行政组织和其他社会组织。它不像政府的行政部门，其经费开支主要靠财政拨款；也不像一些社团组织，其活动经费主要来自会员的会费和社会的赞助。企业要自负盈亏，用自己的收入弥补自己的支出。

企业是一种营利性的经济组织，它以营利为目的，讲求经济效益。

营利性是企业区别于非企业的一个最根本的标志，凡是不具备这一根本标志的经济组织就不是企业。

企业作为独立的商品生产者和经营者，要有自己的资金，要进行独立的经济核算，它是一个独立的会计主体。

二、企业的组织形式

企业有不同的组织形式，一般可以分为独资型企业、合伙型企业和公司型企业三种。

（一）独资型企业

独资型企业也称私人独资企业。它是企业的最简单、最原始的组织形式。企业的全部资产归出资者一人所有，企业的经营也由出资者个人承担，因此，企业的所有权与经营权是统一的。独资型企业不具有法人资格，企业的所有者对企业的债务负有无限的清偿责任。这种类型的企业，一般规模比较小、资金来源有限，适用于生产条件和生产过程比较简单、财产经营规模比较小的生营活动，具有较大的局限性。

（二）合伙型企业

合伙型企业是两个或两个以上的合伙人按照协议共同出资，共同承担企业经营风险，并且对企业债务承担连带责任的企业。其最大的特点是，合伙人对债务承担连带无限责任。一旦发生债务，债权人可以向任何一个合伙人请求清偿全部债务。企业的事务通常由合伙人共同决定，然后委托一个或部分合伙人去执行。合伙型企业由于吸收了其他私人的投资，为扩大企业生产经营规模提供了一定条件，因而是一种比私人独资企业先进的企业组织形式，但是，合伙型企业也有很大的局限性，主要是权力分散、决策缓慢，筹资也比较困难，并且由于合伙型企业不具有法人资格，合伙人对企业的债务要负无限责任，风险也比较大。

（三）公司型企业

公司是依据一定的法律程序申请登记设立，并以营利为目的的具有法人资格的经济组织。它有自己独立的财产，独立地承担经济责任，同时享有相应的民事权利。公司具有法人资格，这是区别于非法人企业如独资型企业和合伙型企业的一个重要标志。法人是具有民事权利能力和民事行为能力，依法独立享有民事权利和承担民事义务的组织。因此，它必须具有独立的法人财产，自主经营、自负盈亏。公司是随着资本主义制度的发展，伴随着资本集中的过程而兴起的。这种企业组织形式比较适合规模比较大的生产经营企业。公司按照不同的标准可以分为不同的类型，通常将公司分为无限责任公司、有限责任公司、股份有限公司和两合公司。

1. 无限责任公司

它是由两人以上对公司的债务承担连带无限责任的股东所组成的公司企业。无限责任公司的股东必须是自然人，一般情况下，公司的股东都有权管理公司的债务。公司的股东不得随意转让股份，如需转让，必须征得其他全体股东的同意。这种公司的股东人数较少，但责任重大，股东的个人风险较大，相应地，其筹资规模十分有限，不适于从事大规模的生产经营活动。

2. 有限责任公司

它是由一定数量的股东共同出资组成，股东仅就自己的出资额对公司的债务承担有限责任的公司。有限责任公司的股东不限于自然人，也可以是法人和政府。但其股东的数量既有最低下限，也有最高上限。大部分国家规定，有限责任公司的股东应在 2 人以上、50 人以下。有限责任公司对公司的资本不分为等额股份，不对外公开募集股份，不能发行股票。股东以其出资比例，享受公司权利，承担公司义务。公司股东以其出资额为限承担有限责任，并享受相应的权益。公司股份的转让有严格的限制，如需转让，应在其他股东同意的条件下方可进行。

3. 股份有限公司

它是由一定人数出资设立，全部资本由等额股份构成，并通过发行股票筹集资本的公司。股份有限公司的股东人数不能少于法律规定人数，大多数国家规定不能少于 7 人。它与有限责任公司的重要区别就是，公司的资本总额平分为金额相等的股份，并通过公开发行股票向社会筹集资金。同时，公司的股份可以自由转证，股票可以在社会上公开交易、转让，但不能退股。股份有限公司彻底实现了所有权与经营权的分离。因此，股份有限公司具有筹资便利、风险分散、资本具有充分的流动性等优点。由于股份有限公司资本雄厚，实力强大，所以在发达国家整个国民经济中占统治地位。它适合从事较大规模的生产经营活动。

4. 两合公司

它是指既有有限责任股东，又有无限责任股东，有限责任股东对公司的债务仅就自己对公司的出资额承担有限责任，无限责任股东则要对公司的债务承担无限连带责任的法人企业。两合公司一般由一个以上的无限责任股东和一个以上的有限责任公司股东组成。公司的资本不划分为等额的股份。无限责任股东代表公司主持业务，有限责任股东仅仅提供资本，分享红利，对于公司的业务一般不加过问。两合公司是介于有限责任公司和无限责任公司之间的公司组织形式。实质上是无限责任公司的变种，是一种较早的公司形式，其历史比股份有限公司和有限责任公司都要久远得多。但现代以来，这种公司在世界上已经很少存在了。

在我国，法定的公司形式只有两种，即有限责任公司和股份有限公司。无限责任公司和两合公司实际上已经不存在了。

三、会计信息的使用者

一个公司必须发布各种各样的会计信息，以满足信息使用者的需要，这些会计信息需求因企业的规模、是否由公众持股以及管理政策等的不同而有所不同。有些会计信息的需求可能是由法律规定的，例如，所得税法规要求每个企业的会计系统能够计量该公司应税收入并对公司所得税申报单中每个项目的性质和来源进行解释。证券法律要求股份公司依照规定编制财务报表，报送证监会，并提供给公众；有些会计信息需求是由于实际需要而产生的。例如，每个企业需要知道应向每个客户收取的金额和欠每个债权人的金额。

总体来说，会计信息需求来自企业外部和内部两方面，它们分别是会计信息的外部使用者和内部使用者。

（一）会计信息的外部使用者

会计信息的外部使用者是与企业具有利益关系的个人和其他企业，但他们不参与企业的日常管理。

1．股东

公司的股东最关心公司的经营，他们需要评价过去和预测未来。有关年度财务报告是满足这些需要的最重要的手段，季度财务报告、半年度财务报告也是管理部门向股东报告的重要形式。向股东提供这些报告是会计信息系统的传统职责，股东借助于财务报告反映的常规信息，获得有关股票交易和股利支付的情况，从而作出决策。

2．债权人

公司债权人对公司的信誉、偿债能力及企业的未来展望是非常关心的。公司的财务报告是这些信息的一个重要来源。债权人需要的有关借贷业务的常规信息，是通过与借款单位的会计信息交换得来的。

3．政府机关

政府的许多不同部门需要有关企业的信息。税务机关需要有关公司利润和向国家缴纳税额的信息；社会保障机关需要有关企业缴纳各项社会保障基金的信息；国有企业还必须向国资委、国家财政、审计机关等部门提供财务报告，以便接受经济监督。

4．职工

作为一个利益集团，职工个人期望定期收到工资和薪金，并同时得到有关企业为个人提供社会保障的各类基金方面的信息和企业的某些综合性的信息，诸如工资平均水平、福利金和利润等。

5．供应商

企业往往有很多的原材料、产成品或可供销售的商品。采取赊销方式的供应商需要了解客户的经营稳定性、信用状况及支付能力等方面的信息。

6. 顾客

在市场经济体制下，企业的顾客可以说是最重要的外部利益集团。顾客对于信息的需要，包括有关企业及其产品的信息，如价格、性能、企业信誉、企业商业信用方面的政策、可得到的折扣额、支付的到期日及所欠金额等。

7. 其他使用者

(1) 信用代理人，这种机构专门公布有关公司信用的信息；

(2) 工商业协会，这种机构公布某一行业的有关信息，需要利用会计信息进行行业管理；

(3) 竞争者，他们对于公司的价格政策和获利能力感兴趣；

(4) 企业组织所在的社区；

(5) 财务分析家，他们向委托人提出投资建议；

(6) 关心公司某个方面经济活动的公民等。

向企业外部的使用者提供的会计信息绝大部分是属于“强制性的”或是“必需的”。

需要指出的是，企业向外界提供的决策性信息是由管理当局提供的，但管理当局并不是提供会计信息的唯一渠道，但外界作决策所依据的会计信息的公允性和准确性，最后必须而且只能由企业最高管理当局负责。

(二) 会计信息的内部使用者

一个企业组织的各级管理部门为了完成职责都需要信息，不论是负责完成全公司目标的最高级管理部门，还是负责完成一项具体目标的某一个经营管理部门都是如此。目前，会计是为大多数企业和组织提供“正式”会计信息的主要信息系统。所谓正式的信息系统，是指其对指定信息的生成和报告负有明确的职责。会计信息系统根据搜集到的全部数据进行加工，将信息报送给企业管理部门；管理部门收到并利用这些信息作出有关决策，管理部门的决策又反过来影响企业组织内部的经营管理，包括对会计信息系统的影响，同时也影响企业组织与其外部环境的关系。

会计信息内部使用者包括董事会、首席执行官（CEO）、首席财务官（CFO）、副董事长（主管信息系统、人力资源、财务等）、经营部门经理、分厂经理、分部经理、生产线主管等。

企业内部各部门使用会计信息的具体目标不同，但这些目标的宗旨是一样的，都是旨在帮助企业实现其总体的战略和任务。所有企业都遵守与他们的会计信息系统设计有关的规则，以确保会计信息的规范性并保护企业的资产，但是关于报告的类型或能产生的会计信息种类并没有什么规则。在决策过程中产生和使用的会计信息往往是多样的。

与外部的信息需要相比，向内部报送的会计信息显然具有较多的“自由性”。因此，设计满足企业经营管理需要的会计信息系统，比设计外部报表面临更大的困难。

第三节　会计的基本职能

会计的职能是指会计作为经济管理工作所具有的功能或能够发挥的作用。对于会计具有哪些职能，人们存在较多的争议，但其基本职能应当概括为两个：核算与监督。

一、会计核算

（一）概述

会计核算是会计的首要职能，也是全部会计管理工作的基础。任何经济实体要进行经济活动，都要求会计提供根据经济活动信息转换来的客观、真实、正确、完整、系统的会计信息，这就需要对经济活动信息进行记录、计算、分类、汇总，并且将经济活动的内容转换成会计信息，成为能够在财务会计报告中概括并综合反映各单位经济活动状况的会计资料。因此，会计核算是在将经济活动信息转换为会计信息的过程中，进行确认、计量、记录并进行公正报告的工作。

例如某公司为进行生产活动，派出采购员赴外地签订材料采购合同。采购合同签完后回到财务部门报账，假设共发生差旅费5000元。首先，会计人员对各项凭证进行审核，材料采购合同在执行前不能用货币计量，不能作为报账依据；发生的差旅费可以用货币计量，可以作为报账的依据。根据各项凭证确定是否纳入会计核算系统，通常称为确认。确认的首要条件是能否用货币计量，因此，确认中渗透着计量。其次，对该采购员应报账的差旅费标准进行审核，审核通过后，会计人员编制凭证作为审核通过的标志，并作为出纳人员付出现金的依据。再次，会计人员和出纳人员根据审核后的凭证记账。会计人员编制作为审核通过的凭证以及据此记账，称为记录。最后，根据记账的结果编制报表，即将减少的现金反映在资产负债表中，将增加的差旅费反映在利润表中。编制报表以及其他资料的会计工作，称为报告。

（二）特点

（1）会计核算主要从价值量上反映各单位的经济活动状况。

由于经济活动的复杂性，人们不可能单凭观察和记忆掌握经济活动的全面情况，也不可能简单地将不同类别的经济业务加以计量、汇总，只有通过按一定的会计程序和规则进行加工处理后生成的以价值量表现的会计数据，才能反映经济活动的全过程及其结果。因此，虽然会计可以采用三种量度（货币量度、实物量度、劳动量度）从数量上反映经济活动，但是在商品经济条件下，价值规律和等价交换的原则决定了人们主要利用货币计量，通过价值量的核算来综合反映经济活动的全过程和结果。所以，会计核算是从数量上反映各单位的经济活动状况，是以货币量度为主，将实物量度及劳动量度作为辅助量度。

（2）会计核算具有完整性、连续性和系统性。

会计核算的完整性、连续性和系统性是会计资料完整性、连续性、系统性的保证。会计核算的完整性，是指在时间上和空间上对所有应该核算的会计对象都要进行确认、计量、记录、报告，不能有任何遗漏；

会计核算的连续性，是指对会计对象的确认、计量、记录、报告要连续进行，对经济活动连续进行产生的信息转换不能有任何中断；会计核算的系统性，是指要采用科学的会计核算方法对会计信息进行加工处理，保证所提供的会计数据资料能够成为一个有序的、整体的会计信息系统，从而可以揭示客观经济活动的规律性。会计核算具有完整性、连续性、系统性，是在数量反映的基础上的另一重要特征。

(3) 会计核算要对各单位经济活动的全过程进行反映，在对已经发生的经济活动进行事中、事后核算的同时，还可以预测未来的经济活动。

一般来说，会计核算主要是对已经发生的经济活动信息进行事后的确认、记录、核算、分析，经过加工处理后提供大量的信息资料，反映经济活动的现实状况及历史状况，这是会计核算的基础工作。但是，随着商品经济的发展，市场竞争日趋激烈，企业经营规模不断扩大，经济活动日益复杂，经营管理需要加强预见性。为此，会计要在事后、事中核算的同时进一步加强事前核算，分析和预测经济前景，为经营管理决策提供更多的经济信息，这样才能更好地发挥会计的管理职能。

二、会计监督

(一) 会计监督是会计的另一项基本职能

任何经济活动都要有既定的目的，并按一定的要求来运行。会计监督就是通过预测、决策、控制、分析、考评等具体方法，促使经济活动按照规定的要求运行，以达到预期的目的。

(二) 会计监督主要也是通过价值指标进行的

会计核算通过价值指标综合地反映经济活动的全过程及其结果，会计监督的主要依据就是这些价值指标。为了便于监督，有时还需要事先制定一些可供检查、分析之用的价值指标，以便监督和控制有关经济活动，避免出现较大的偏差。由于企业等单位进行的经济活动，同时都伴随着价值运动，表现为价值量的增减和价值形态的转化，而会计核算又是完整、持续、系统的，因此与其他各种监督相比，会计监督是一种更为有效的监督，可以通过价值指标全面、及时、有效地控制各个单位的经济活动。

会计要对单位经济活动的全过程进行监督，包括事后监督、事中监督及事前监督。会计的事后监督是对已经发生的经济活动以及相应的核算资料进行审查、分析，以便保证经济活动合法、合理、有效地进行，一般只能在会计期间结束以后进行；事中监督是对正在发生的经济活动及取得的核算资料进行审查，及时发现问题，并以此纠正经济活动进程中的偏差及失误，促使有关部门合理组织经济活动，使其按照预定的目的及规定的要求进行，发挥事中控制经济活动进程的作用；事前监督是在经济活动开始前进行的监督，即审查未来的经济活动是否符合有关法令、政策的规定，是否符合商品经济规律的要求，在经济上是否可行，是否符合相关法规，避免产生经营风险。

（三）会计监督的依据有合法性及合理性

合法性的依据是国家颁布的法令、法规；合理性的依据是客观经济规律及经营管理方面的要求。会计监督的目的就是保证企业会计目标的顺利实现。

会计的核算职能与监督职能是相辅相成的，只有在对经济业务活动进行正确核算的基础上，才可能提供可靠的资料作为会计监督的依据；同时，也只有搞好会计监督，保证经济业务按规定的要求进行，并且达到预期的目的，才能发挥会计核算的作用。

第四节　会计对象

会计的对象，即会计核算和监督的内容。本书以营利组织（企业）为原型来说明会计对象。

任何一个企业要进行经济活动，必须具备一定的物质条件，如货币资金、材料、产品或商品、设备、房屋等。这些物质基础虽然具有不同的形态，但它们均具有以下特点：为企业所拥有或控制；能够用货币表现；能够给企业带来未来的经济利益流入。在会计学中，凡是具备上述特点的物质基础都称为资产。

企业所拥有的资产总是由某一投资者投入一定量的资本形成的。投资者以一定的方式对企业投资后，对企业的要求权是不一样的。有的投资者对企业投资后，仅要求企业按期偿还本金，并按照规定的利息率偿还利息。对于这类投资者，会计上称为债权人。债权人通常以借款、应收款的形式对企业进行投资。债权人对企业的投资形式不同，但均具有以下特点：能够用货币计量；需要企业以债权人能够接受的资产或劳务偿还；是企业由于过去的交易而承担的现时偿债义务。会计学中将具备上述特点的债权人投资称为负债。有的投资者对企业投资后，要求参与企业的经营管理，并按投资比例获取一定的报酬。对于这类投资者，会计上称为所有者（或者股东）。所有者通常以投入货币、设备、材料等资产的形式对企业进行投资。所有者对企业的投资表现为如下特点：不要求偿还，企业可在存续期间内长期使用；要求参与企业的经营管理；按投资比例承担风险；分享剩余利润及资产；能够用货币计量。会计学中将具备上述特点的所有者投资称为所有者权益（或者股东权益）。

企业通过所有者和债权人的投资获得各种形式的资产，其目的是通过经济活动获取盈利，也就是通过为满足社会需求提供商品或劳务来达到盈利的目的。在市场经济条件下，企业提供商品或劳务的目的必然是获得一定量的经济利益流入。会计上将能够用货币表现的、由于进行经营活动产生的经济利益流入称为收入，如销售商品取得销售收入，提供劳务取得营业收入等。企业为取得一定数量的收入，必然要付出相应的代价，如为销售商品发生的销售人员工资，设备、房屋的损耗，材料的耗费。也就是说，要获得一定量的经济利益流入，总是要有相应的经济利益流出或耗费。会计上将能够用货币表现的经济利益流出或耗费称为费用。费用是为取得收入所付出的代价，是需要从收入中得到补偿的耗费。不论是经济利益流入还是经济利益流出，都必须能够用货币计量。

会计从产生开始，就具备了记录、计量所得及耗费，评价得失的功能。所得和耗费分别为收入和费用，收入与费用相比较的结果就是经济活动的财务成果，收入大于费用的余额，会计上称为利润；反之，称为亏损。如果实现利润，所有者将要求分享利润，即利润分配。其分配的形式主要是提取盈余公积、向投资者分配利润、未分配利润。其中盈余公积和未分配利润作为投资者投资的增值留在企业，故称为留存收益。如果出现亏损，所有者应按照投资比例承担亏损造成的损失，并采用一定的方式进行弥补，以保证经济活动在原有的规模上进行，即亏损弥补。由于收入和费用都能够用货币计量，由此计量的利润及利润分配、亏损及亏损弥补也能够以货币表现。

上述企业的经济活动都能够以货币表现，构成企业的会计对象，会计对象是基层单位组织以货币表现的经济活动。对企业经济活动的状况从价值量上核算和监督，是会计的主要功能。根据会计对象的特点，将其分为资产、负债、所有者权益、收入、费用、利润（亏损）等要素。各类要素特点不同，但都具备一个共同的特征，即货币表现。

第五节　会计要素

会计要素是从会计的角度解释构成企业经济活动的必要因素，也是根据交易或事项对于可确定的财务会计对象的分类或概括。如前所述，企业的经济活动可分为资产、负债、所有者权益、收入、费用、利润六大会计要素。

一、资产、负债及所有者权益

（一）资产

资产是指过去的交易或事项形成的并由企业拥有或控制的，预期会给企业带来经济利益的资源。资产可以具有实物形态，如房屋、机器设备、现金、商品、材料等，也可以不具备实物形态，如以债权形态出现的各种应收款项，以特殊权利形态出现的专利权、商标权等无形资产。

资产按其流动性可以分为流动资产与非流动资产。

流动资产是指在一年或者超过一年的一个营业周期内变现或耗用的资产，包括库存现金、银行存款、应收及预付款项、存货等。非流动资产（一般）是指不符合流动资产定义的资产，或者是超过一年变现、耗用的资产，通常包括长期投资、固定资产、在建工程、无形资产和其他财产。长期投资是指不准备在一年内变现的投资。固定资产是指使用年限在一年以上，单位价值在规定标准以上，并在使用过程中保持原来物质形态的资产，包括房屋、建筑物、机器设备、运输设备、工具器具等；无形资产是指企业为生产商品或者提供劳务、出租给他人，或为管理目的而持有的、没有实物形态的、可辨认的非货币性长期资产，包括专利权、商标权、著作权等。

综上所述，资产的特征是很明显的。首先，资产必须是企业拥有或控制的。拥有是指拥有产权（所有权），控制是指虽然没有产权，但有支配使用权，如从银行取得借款存在自己的账户上，应该列入本企业的资产。其次，资产是能为企业带来经济利益的资源，它的形态各异，但都能够给企业带来经济利益。再次，资产是过去的交易或事项形成的，未来的交易可能形成的资产不能加以确认。最后，它必须能以货币计量，不能确认和计量其价值的不能作为资产。

（二）负债

负债是过去的交易或事项形成的，预期会导致经济利益流出企业的现时义务。它又分为流动负债和非流动负债。

流动负债是指将在一年或者超过一年的一个营业周期内偿还的债务，包括短期借款、应付票据、应付账款、应付职工薪酬、应交税费、应付利润、预提费用等。

非流动负债是指偿还期在一年或者超过一年的一个营业周期以上的债务，包括长期借款、应付债券等。

综上所述，负债的特征表现为：第一，负债是过去的交易或事项形成的现时义务，是实实在在的偿还义务，潜在的义务不能确认为负债。第二，偿还义务的履行会导致经济利益流出企业。

（三）所有者权益

所有者权益是指所有者在企业资产中享有的经济利益，是企业资产扣除负债后，由所有者享有的剩余权益，包括企业投资者对企业投入的资本以及在经营中形成的留存收益。投入资本就是投资者实际投入企业经营活动的各种财产物资。留存收益则是企业在经营活动中积累的资本增值额，包括盈余公积和未分配利润。

综上所述，所有者权益的特征表现为：第一，所有者仅对企业的净资产享有所有权，净资产是资产减去负债后的余额。第二，所有者权益不是一个独立的要素，其非独立性表现在所有者权益金额的确认、计量需要依赖于资产和负债。

“权益”一词作为会计学的概念，源于西方。权益包括广义和狭义两种概念。它包括债权人权益和投资者提供的以投资方式形成的所有者权益。广义的权益分为负债（债权人的权益）和所有者权益。狭义的权益是指“资产或资产股权超过一切债务的净值”，这里的权益特指所有权净值，即所有者权益。负债与所有者权益虽然都是资产的来源，却是两个不同的概念。负债是一项债务责任，只有通过偿还才能取消，或者用新的负债来代替旧的负债。负债反映的是企业作为债务人与债权人之间的关系，形成企业的债务资本。所有者权益反映的则是产权关系，即企业净资产归谁所有，形成的是永久性资本。

二、收入、费用与利润

企业的生产经营活动都是以盈利为目的的，盈利就是通过一定经济活动取得利润，是收入与相应费用进行比较，收入大于费用的结果，也可以说是企业一定会计期间的经营成果。他们之间的逻辑关系及数量上的关系是：利润＝收入－费用。在会计学中，收入与费用是围绕着利润产生的相互关联的两个概念，企业要通过支付一定的费用才能得到收入，而支付费用的目的就是取得收入。

（一）收入

收入是日常活动中发生的、会导致所有者权益增加的、与所有者投入资本无关的经济利益的总流入。收入是一个特定的会计概念，不是所有的经济利益流入都是收入，它是与费用相对应的概念。企业取得收入意味着，或者增加了资产，或者减少了负债，或者二者兼而有之，不论是增加资产，还是减少负债，都表明经济利益流入企业。由于经济利益流入企业，形成利润，利润分配后最终会增加所有者权益。对企业来说，收入是补偿费用、取得盈利的源泉，是企业经营活动取得的经营成果。企业的收入包括销售商品收入、提供劳务收入和让渡资产使用权的收入。

收入的特征表现为：首先，收入是指企业在日常活动中产生的经济利益流入，偶然活动产生的经济利益流入只能形成利得，不是这里所讲的收入。其次，形成经济利益的流入，也就是说日常活动能够形成企业实实在在的经济利益，如果形成的只是名义上的经济利益，就不能确认为收入。最后，收入的形成会导致所有者权益增加，但这里的所有者权益增加不是由投资者的投资形成，而是由利润形成的。

（二）费用

费用是指企业在日常活动中发生的、会导致所有者权益减少的、与向所有者分配利润无关的经济利益的总流出。费用是一个特定的会计概念，不是所有的经济利益流出都是费用，它是与收入相对应的概念，也可以说是企业为取得收入而付出的代价。费用有多种表现形式，但其本质是资产的转化形式，是企业资产的耗费。费用的特征表现为：首先，费用是为取得收入而付出的一种代价，因此费用的确认应与收入进行配比确定，配比的方式有直接配比和间接配比两种。其次，费用表现为企业经济利益的流出，或者说是企业收入的一种扣除。再次，费用是补偿尺度，即从收入中分出多少来补充经营耗费，保证经营按原有规模进行。最后，费用会导致所有者权益减少。

（三）利润

利润是指企业一定会计期间的经营成果，全部收入与全部费用相比较的结果就是利润（如果是负数就是亏损）。也可以说利润是一个特定的会计概念，是通过会计方法计算出来的企业在一定会计期间内生产经营的财务成果，是收入与费用相抵后的盈余，它不是一个独立的要素，其计量需要依靠收入和费用。由此可见，收入、费用是影响企业利润的主要因素。企业通过销售商品或提供劳务，以现金或者应收账款的形式，从客户处获得收入，会引起企业资产的增加或负债的减少，当然也会引起所有者权益的增加。企业为了获得收入就需要支付费用，费用都必须由收入来补偿，所以会导致收入的减少。费用与资产有着密切的关系，将经营过程作为一个动态过程来看，一切费用都可以视为一瞬间的资产，而取得资产也是为了获得收入，一旦资产投入使用，就从资产形态一次或者多次转变为费用形态。利润可以理解为企业净资产的增加额，亦即所有者权益的增加额。相应地，收入的实现最终增加所有者权益，费用的发生最终减少所有者权益。

第六节　会计等式

一、会计等式的含义

会计等式也称为会计平衡公式、会计方程式，是指表明各会计要素之间基本关系的恒等式。会计对象可概括为资金运动，具体表现为会计要素，每发生一笔经济业务，都是资金运动的一个具体过程，每个资金运动过程都必然涉及相应的会计要素，从而使全部资金运动所涉及的会计要素之间存在一定的相互联系，会计要素之间的这种内在关系可以通过数学表达式予以阐述，这种表达会计要素之间基本关系的数学表达式就叫会计等式。

（一）基本会计等式

众所周知，企业要从事生产经营活动，一方面，必须拥有一定数量的资产。这些资产以各种不同的形式分布于企业生产经营活动的各个阶段，成为企业生产经营活动的基础。另一方面，这些资产要么源于债权人，从而形成企业的负债；要么源于投资者，从而形成企业的所有者权益。由此可见，资产与负债和所有者权益，实际上是同一价值运动的两个方面，一个是“来龙”，一个是“去脉”。因此，这两方面之间必然存在着恒等关系，也就是说，一定数额的资产必然对应着相同数额的负债与所有者权益，而一定数额的负债与所有者权益也必然对应着相同数额的资产。这一恒等关系用公式表示出来就是：

资产＝负债＋所有者权益

这一会计等式是最基本的会计等式，也称为静态会计等式、存量会计等式，既表明某一会计主体在某一特定时点所拥有的各项资产，同时也表明了这些资产的归属关系。会计等式是设置账户、复式记账以及编制资产负债表的理论依据。

（二）经济业务的发生对基本会计等式的影响

1．经济业务的类型

企业在生产经营过程中，不断地发生各种经济业务。这些经济业务的发生对相关会计要素产生影响，但是，却不会破坏上述等式的恒等关系。

（1）经济业务的发生，导致资产项目此增彼减，但增减金额相等，故等式保持平衡。

（2）经济业务的发生，导致负债项目此增彼减，但增减金额相等，故等式保持平衡。

（3）经济业务的发生，导致所有者权益项目此增彼减，但增减金额相等，故等式保持平衡。

（4）经济业务的发生，导致负债项目增加，而所有者权益项目减少，但增减金额相等，故等式保持平衡。

（5）经济业务的发生，导致所有者权益项目增加，而负债项目减少，但增减金额相等，故等式保持平衡。

（6）经济业务的发生，导致资产项目增加，而同时负债项目亦增加相同金额，故等式保持平衡。

（7）经济业务的发生，导致资产项目增加，而同时所有者权益项目亦增加相同金额，故等式保持平衡。

（8）经济业务的发生，导致资产项目减少，而同时负债项目亦减少相同金额，故等式保持平衡。

（9）经济业务的发生，导致资产项目减少，而同时负债项目亦减少相同金额，故等式保持平衡。

2. 各类经济业务对基本会计等式的影响

通过上述分析，我们可以得出下列结论：

（1）一项经济业务的发生，可能仅涉及资产与负债和所有者权益中的一方，也可能涉及双方，但无论如何，结果一定是基本会计等式的恒等关系保持不变。

（2）一项经济业务的发生，如果仅涉及资产与负债和所有者权益中的一方，则既不会影响到双方的恒等关系，也不会使双方的总额发生变动。

（3）一项经济业务的发生，如果涉及资产与负债和所有者权益中的双方，则虽然会影响到双方的恒等关系，但会使双方的总额发生同增或同减的变动。

（三）动态会计等式

企业的目标是从生产经营活动中获取收入，实现盈利。企业在取得收入的同时，必然要发生相应的费用。将一定期间的收入与费用相比较，收入大于费用的差额为利润。反之，收入小于费用的差额为亏损。因此，收入、费用和利润三个要素之间的关系可用公式表示为：

收入－费用＝利润

这一等式也称为第二会计等式、增量会计等式，反映了企业某一时期收入、费用和利润的恒等关系，表明了企业在某一会计期间所取得的经营成果，是编制利润表的理论依据。

（四）扩展的会计等式

企业的生产经营成果必然影响所有者权益，即企业获得的利润将使所有者权益增加，资产也会随之增加；企业发生亏损将使所有者权益减少，资产也会随之减少。因此，企业生产经营活动产生收入、费用、利润后，则基本会计等式就会演变为：

资产＝负债＋所有者权益＋利润＝负债＋所有者权益＋（收入－费用）

或：资产＋费用＝负债＋所有者权益＋收入

我们将这一等式称为扩展的会计等式。下面，我们来考察企业经济业务的发生对该等式的影响：

（1）企业收入的取得，或者表现为资产要素和收入要素同时、同等金额的增加，或者表现为收入要素的增加和负债要素同等金额的减少，结果，等式仍然保持平衡。

（2）企业费用的发生，或者表现为负债要素和费用要素同时、同等金额的增加，或者表现为费用要素的增加和资产要素同等金额的减少，结果，等式仍然保持平衡。

（3）在会计期末，将收入与费用相减得出企业的利润。利润在按规定程序进行分配以后，留存企业的部分（包括盈余公积金和未分配利润）转化为所有者权益的增加（或减少），同时，要么是资产要素相应增加（或减少），要么是负债要素相应减少（或增加），结果，等式仍然保持平衡。

由于收入、费用和利润这三个要素的变化实质上都可以表现为所有者权益的变化，因此，上述三种情况都可以归纳到前面我们总结的九种业务类型中去。也正因为如此，上述扩展的会计等式才会始终保持平衡。

以上分析说明，资产、负债、所有者权益、收入、费用和利润这六大会计要素之间存在着一种恒等关系。会计等式反映了这种恒等关系，因而，它始终成立。任何经济业务的发生都不会破坏会计等式的平衡关系。

二、会计对象具体内容之间的相互关系

会计对象的具体内容是由资产、负债、所有者权益、收入、费用和利润六大要素组成的。它们是资金运动的具体体现，资金运动同其他一切运动一样，总是具有两种形式，即相对静止状态和显著变化过程。

相对静止状态即静态——资金运动在某一瞬间相对静止的状态，表现出资金运动在某一时点上停留的状态，它是企业单位经营活动的成果在资金方面的表现，因而反映了企业单位的财务状况。这种状况反映出资金的双重存在，一方面表现为特定的物质存在，即价值自然属性的体现；另一方面，它又表现为相应的要求权即为谁所有，是价值社会属性的体现。资产是用来描述价值的物质存在形式的，它是资金的事物存在形态；负债和所有者权益是描述资金所有权关系的，即企业单位的资产一部分归债权人所有，其余归投资人所有。也就是说，负债和所有者权益是反映资产价值的来源渠道。

资金运动的显著变化过程表现为资金的投入、退出以及资金在循环周转过程中引起的资金的耗费与收回，收回的资金与耗费的资金相比后，表现为企业经营活动的成果。收入、费用和利润是企业一定时期经营活动结果的体现，它们反映企业资金运动显著变化的情况。情况即动态——资金运动在某一时期显著变化的过程，表现出资金在运动过程中变化的情况。

资金运动的静态是表明资金运动增减变动的结果，而资金运动的动态则是表明资金运动增减变动的原因。会计即从资金运动的静态——资金运动的横断面进行反映，又从资金运动的动态——资金运动的纵剖面来反映，这样就可以反映整个资金运动过程，也就可以把资金运动的来龙去脉淋漓尽致地反映出来。

第七节　会计科目与账户

一、会计科目

（一）设计会计科目的意义

在会计核算系统不断地收集、输入、加工、转换、输出会计信息的过程中，一个非常重要的问题就是信息分类。从管理学的角度来看，分类是管理的基础，或者说分类是管理的一种手段。现在的社会是一个信息化社会，涌现出各式各样的经济活动信息，使得企业必须通过分类才能够进行管理，才能够抓住信息特征，将其转换为会计信息。

会计科目是对会计要素的具体内容进行分类核算的标志或项目。对会计对象进行分类分为会计要素，包括资产、负债、所有者权益、收入、费用、利润等，对会计要素进行分类分为会计科目。在企业进行生产经营活动的过程中，会计要素的具体内容必定会发生数量、金额的增减变动。例如，用银行存款购进原材料，原材料的增加导致银行存款的减少，使得资产要素的具体构成发生变化；用银行存款偿还前欠应付账款，应付账款的减少与银行存款的减少同时发生，使得资产与负债两要素数量同时减少；等等。由于企业的经济活动纷繁复杂，所引起的各个会计要素内部构成以及各个会计要素之间的增减变化也错综复杂，并表现为不同的形式。有些业务可能多次、简单地重复，有些业务则是偶然发生；有些业务的发生很有规律；有些业务可能引起会计恒等式两边同时发生变化，有些业务则只是在某一会计要素内部构成中引起增减变动。为了对会计对象的具体内容进行会计核算和监督，就需要根据其各自不同的特点，分门别类地确定项目。会计要素反映的经济内容有很大的不同，在经营管理中当然也会有不同的要求，在会计核算中除了要按照各会计要素的不同特点，还应该根据经济管理的要求进行分类别、分项目核算。

设置会计科目，就是根据会计对象的具体内容和经济管理的要求，事先规定分类核算的项目或标志的一种专门的方法。通过设置会计科目，可以对纷繁复杂、性质不同的经济业务进行科学的分类，可以将复杂的经济信息变成有规律的、易识别的经济信息，并为将其转换为会计信息准备条件。在设置会计科目时，需要将会计对象中具体内容相同的归为一类，设立一个会计科目，凡是具备这类信息特征的经济业务，都应该在这个科目项下进行核算。设置会计科目从信息分类的角度来看，是对性质相同的信息给予约定的代码。例如，根据资产会计要素的特征以及经济管理的要求，可以设置“固定资产”“无形资产”“库存现金”“银行存款”“原材料”等会计科目，这样才能够对资产会计要素的具体内容进行核算。设置会计科目时，要为每一具体的类别规定一个科目名称，并且限定在该科目名称下所包括的内容，确定这个会计科目的内涵与外延。例如，企业的货币资金是一种资产，但是它的保管及收付方式不一样，因此可以将其划分成两个类别：银行存款和库存现金。相应地设置两个会计科目，其中“银行存款”科目核算企业存放在银行款项的存入、支取及结存情况，“库存现金”科目则核算企业库存现金的收付与结存情况。可见，会计科目是对会计要素具体内容分类的标志，在每一个会计科目名称的项目下，都要有明确的含义和核算范围。通过设置会计科目，对会计要素的具体内容进行科学的分类，可以为会计信息使用者提供科学、详细的分类指标体系。

在会计核算的各种方法中，设置会计科目占有重要地位。它决定着账户开设和报表结构设计，是一种基本的会计核算方法。

（二）设置会计科目的原则

会计科目作为分类信息的项目或标志，必须根据一定的原则来设置。分类是管理的一种形式，分类的正确与否决定着会计信息的科学性、系统性，从而决定管理的科学性。设置会计科目时，应该遵循以下几项原则。

1. 设置会计科目必须结合会计对象的特点

结合会计对象的特点，就是根据不同单位经济业务的特点，本着全面核算其经济业务的全过程及结果的目的来确定应该设置哪些会计科目。这里所说的要结合会计对象的特点，首先是根据不同的行业特点，并在此基础上考虑各自企业的特点。例如，工业企业是制造产品的行业，根据其业务特点，工业企业的会计科目首先应该反映产品的生产过程，在此前提下再根据企业生产产品的特点及规模大小决定各个会计科目的具体设置。所以，在成本费用核算方面，工业企业需要设置“生产成本”“制造费用”等会计科目。

2. 设置会计科目必须符合经济管理的要求

设置会计科目要符合经济管理的要求，一是要符合国家宏观经济管理的要求，据此划分经济业务的类别，设定分类的标志；二是要符合企业自身经济管理的要求，为企业的经营预测、决策及管理提供会计信息设置分类的项目；三是要符合包括投资者在内的各有关方面对企业生产经营情况的要求。

例如，为了反映企业实收资本的情况，可以设置“实收资本”科目来反映企业实收资本金额数；为了反映企业的债务情况，可以设置“短期借款”和“长期借款”科目来反映企业的债务结构及债务款项。

3. 设置会计科目要将统一性与灵活性结合起来

由于企业的经济业务千差万别，在分类核算会计要素的增减变动时，需要将统一性与灵活性相结合。统一性，就是在设置会计科目时，要根据《企业会计准则应用指南》的要求对一些主要会计科目进行统一的设置，对于核算指标的计算标准、口径都要统一。灵活性，就是在能够提供统一核算指标的前提下，各个单位根据自己的具体情况及投资者的要求，设置或者增补会计科目。贯彻统一性与灵活性相结合的原则设置会计科目，实际上就是保证会计信息的有用性，即决策相关性，在具体工作时要防止两种倾向：一是要防止会计科目过于简单化，过于简单就不能满足经济管理的要求；二是要防止会计科目过于烦琐，如果核算资料超过要求，就会不合理地加大会计核算的工作量。

4. 设置会计科目的名称要简单明了，字义相符，通俗易懂

会计科目作为分类核算的标识，要求简单明了，字义相符，这样才能避免误解和混乱。简单明确是指根据经济业务的特点尽可能简洁明确地规定科目名称；字义相符是指按照中文习惯，能够顾名思义，不至于产生误解；通俗易懂是指要尽量避免使用晦涩难懂的文字，便于大多数人正确理解。会计科目的名称除了要求简单明了、字义相符、通俗易懂之外，还要尽量采用在经济生活中习惯使用的名称，以避免不必要的误解。

5. 设置会计科目要保持相对稳定性

为了便于在不同时期分析比较会计核算指标，并在一定范围内汇总核算指标，应保持会计科目相对稳定，不能经常变动会计科目的名称、内容和数量，使核算指标保持可比性。

二、会计账户

（一）设置账户的意义

账户是按照规定的会计科目在账簿中开设的专户。通过账户可以对各项经济业务进行分类、系统、连续的记录。会计科目仅仅是分类核算的项目或标志，核算指标的具体数据资料则要通过账户记录取得。所以，设置会计科目以后，还必须根据设置的会计科目开设一系列反映不同经济内容的账户，用来对各项经济业务进行分类记录。可见，会计科目就是账户的名称。

（二）账户的格式

作为会计核算对象的会计要素，其数量随经济业务的发生而发生增减变化，并相应产生变化结果。不论发生何种经济业务，用货币反映时只表现为增加、减少，如用银行存款购买设备，表现为银行存款减少，固定资产增加。为此，用来分类记录经济业务的账户必须确定结构：增加的数额记在哪里，减少的数额记在哪里，增减变动后的结果记在哪里。

采用不同的记账方法，账户的结构是不同的，即使采用同一种记账方法，不同性质的账户结构也是不同的。但是，不管采用何种记账方法，也不论是何种性质的账户，其基本结构总是相同的。账户一般可以划分为左右两方，每方再根据实际需要分成若干栏次，用来分类登记经济业务及其会计要素的增加与减少，以及增减变动的结果。账户的格式设计一般应包括以下内容：第一，账户的名称，即会计科目，说明本账户反映的内容，如“短期借款”账户反映企业向银行借入的期限不超过一年的款项。同时通过账户所反映的内容，实现对经济业务的分类，如

“短期借款”“长期借款”账户将借款按照偿还期限的不同进行了分类。第二，日期和摘要，即记录经济业务的时间和内容。第三，凭证号数，即账户记录的来源和依据。第四，增加和减少的金额，即以货币计量反映经济业务的变化。如“短期借款”账户记录增加 500 万元，反映企业向银行取得借款 500 万元；减少额反映归还银行的借款，如“短期借款”账户记录减少 200 万元，反映归还银行的借款 200 万元。第五，余额，反映经济业务变化的结果，如“短期借款”账户的余额 300 万元反映期末尚未归还银行的款项。

账户金额栏的主要内容是记录期初余额、本期增加额、本期减少额及期末余额。本期增加额和减少额是指在一定的会计期间内（月、季或年），在账户左右两方分别登记的增加金额合计数和减少金额合计数，又可以将其称为本期增加发生额和本期减少发生额。本期增加发生额和本期减少发生额相抵后的差额，就是本期的期末余额。如果将本期的期末余额转入下一期，就是下一期的期初余额。上述四项金额的关系可以用下列公式来表示：

本期期末余额＝本期期初余额＋本期增加发生额－本期减少发生额

账户中各项金额必须满足上述公式，当账户金额满足上述公式时，通常称为“平”。账户的左右两方是按相反方向来记录增加额和减少额。也就是说，如果规定在左方记录增加额，就应该在右方记录减少额；反之，如果在右方记录增加额，就应该在左方记录减少额。在具体账户的左右两方中哪一方记录增加额，哪一方记录减少额，取决于各账户所记录的经济内容和所采用的记账方法。显然，账户的余额一般与记录的增加额在同一方向。

每一个账户只能记录企业经济活动的某一个方面，不可能对企业的全部经济业务加以记录。而企业的经济活动作为一个整体，是需要一个相互联系的账户体系加以反映的。账户分类就是研究这个账户体系中各账户之间存在的共性，寻求其规律性，探明每一账户在账户体系中的地位和作用，以便加深对账户的认识，更好地运用账户对企业的经济业务进行反映。

(三) 会计科目与账户的关系

会计科目与账户是两个既相互区别又相互联系的概念。其共同点在于：都要对经济业务进行分类，都说明一定的经济业务内容。其不同点在于：会计科目只是经济业务分类核算的项目或标志，只是说明一定经济业务的内容；账户是具体记录经济业务内容，可以提供具体的数据资料，具有登记增减变化的不同结构的一种核算形式。

(四) 账户的分类

现代管理理论认为，分类是一种基本的管理。科学地进行账户分类有助于科学地进行管理。按不同标准对账户进行分类，可以从不同的角度认识账户，并把全部账户划分为各种类别。其分类标准一般有按会计要素分类，按用途和结构分类，按详细程度分类，等等。

1. 账户按会计要素分类

账户按会计要素一般可分为资产类、负债类、所有者权益类、收入类和费用类五大类。

反映资产的账户，按照资产的流动性和经营管理核算的需要，又分为反映流动资产和非流动资产等的账户。反映流动资产的账户，按照各项资产的流动性和在生产经营过程中所起的作用，又可分为反映货币资金的账户，如“库存现金”“银行存款”等账户；反映结算债务的账户，如“应收账款”“其他应收款”等账户；反映存货的账户，如“原材料”“库存商品”等账户；反映生产产品制造成本的账户，如“生产成本”账户、“制造费用”账户，这类账户的余额反映的是企业拥有的资产，故并入存货类。反映非流动资产的账户，可分为“固定资产”“无形资产”等账户。

反映负债的账户，按照与资产的分类配比，分为流动负债和非流动负债。反映流动负债的账户，有“应付账款”“预收账款”“短期借款”等账户；反映非流动负债的账户，有“长期借款”等账户。

反映所有者权益的账户，按照权益的来源又分为反映投入资本的账户、反映从利润中提取资金的账户和反映未分配利润的账户。反映投入资本的账户，有“实收资本”账户；反映从利润中提取资金的账户，有“盈余公积”账户；反映未分配利润的账户，有“利润分配”“本年利润”等账户。

反映收入的账户，按照收益与企业的生产经营活动是否有关，又分为营业性收入账户和非营业性收入账户。反映营业性收入的账户，有“营业收入”账户；反映非营业性收入的账户，有“营业外收入”账户。

反映费用的账户，按照费用与企业的生产经营活动是否有关，又分为营业性费用账户和非营业性费用账户。反映营业性费用的账户，有“营业成本”“销售费用”等账户；反映非营业性费用的账户，有“营业外支出”账户。

研究账户按会计要素分类的目的在于理解和掌握如何设置账户以及提供核算指标的规律性，以便正确地运用账户，为经济管理提供一套完整的会计核算指标体系。

2. 账户按提供指标详细程度分类

企业经营管理所需要的会计核算资料是多方面的，首先要求会计核算能够提供一些总括的指标，如通过“原材料”账户核算，提供有关材料增减变动及结存情况的总括资料；利用“应收账款”账户核算，提供企业全部应收账款的形成、收回及结果的总括资料。其次要求会计核算能够提供一些详细的指标，如通过对材料的核算，要提供某类材料、某一种材料的增减变动及结存情况；通过对应收账款的核算，要提供具体应收账款的单位或个人及应收金额。为满足各方面的要求，上述各类账户还需要进一步细分，形成不同层次的账户，提供各类经济活动的详细资料。账户按提供指标的详细程度分为总分类账户和明细分类账户。

（1）总分类账户。总分类账户是对企业经济活动的具体内容进行总括核算的账户，它能够提供某一具体内容的总括核算指标。上述账户均为总分类账户，亦称总账账户、一级账户。在我国，总分类账户的名称、核算内容及使用方法通常是统一制定的，其目的是保证会计核算指标口径规范一致，并具有可比性，保证会计核算资料能在一个部门、一个行业、一个地区乃至全国范围内综合汇总、分析；便于企业编制会计凭证、汇总资料和编制会计报表。每一个企业都要根据本企业业务的特点和统一制定的账户名称，设置若干总分类账户。

（2）明细分类账户。明细分类账户是对企业某一经济业务进行明细核算的账户，它能够提供某一具体经济业务的明细核算指标。明细分类账户是总分类账户下属的二级、三级、四级账户的总称，开设这些账户主要是为了满足企业管理的需要。在实际工作中，除少数总分类账户（如“累计折旧”账户、“本年利润”账户）不必设置明细分类账户外，大多数总分类账户都须设置明细分类账户，如在“原材料”总分类账户下，按照材料的类别、品种或规格设置明细分类账户；在“应收账款”总分类账户下，按照欠款单位的名称设置明细分类账户。

明细分类账户是依据企业经济业务的具体内容设置的，它所提供的明细核算资料主要满足企业内部经营管理的需要。各个企业、单位的经济业务具体内容不同，经营管理的水平不一致，明细分类账户的名称、核算内容及使用方法也就不能统一规定，只能由各企业、单位根据经营管理的实际需要和经济业务的具体内容自行规定。例如，企业可以根据其材料供应单位的具体名称设置“应付账款”总分类账户的明细分类账户。

如果某一总分类账户所属的明细分类账户较多，为便于控制，还可增设二级账户。二级账户是介于总分类账户和明细分类账户之间的账户。它也是由企业、单位根据经营管理的实际需要和经济业务的具体内容自行确定的。例如，企业的材料类别、品种较多，为便于控制，可在“原材料”总分类账户下，按材料的类别设置“原料及主要材料”“燃料”“辅助材料”等二级账户，在“原料及主要材料”二级账户下再按材料的品种设置“圆钢”“碳钢”“角钢”等三级明细分类账户。为了满足企业管理层的需要，在这些三级明细分类账户下面还可以继续开设四级明细分类账户，例如按照“圆钢”的品种、规格开设明细分类账户。

对于企业的经营管理来说，往往这种品种、规格的四级明细分类账户提供的信息才是最需要的。但是明细分类账户开设的层级越多，记账的工作量就越大，特别是在手工记账的条件下，设置过多的四级账户可能会有困难，企业在决定设置明细分类账户层级多少时必须考虑管理的需要和成本。

现以“原材料”账户为例加以说明，其总分类账户与明细分类账户名称如表1—1所示。

表1—1　原材料总分类账户与明细分类账户名称

总分类账户（一级账户）	明细分类账户	
	二级账户	明细账户（三级账户）
原材料	原材料及主要材料	圆钢
		碳钢
		角钢
	辅助材料	油漆
		润滑油
	燃料	汽油
		煤

研究账户按提供指标详细程度分类，目的在于把握不同层级账户提供核算指标的规律性，便于准确地运用各级账户，提供全方位的核算指标，满足经营管理的不同需要。

3. 会计账户的其他分类方法

账户除按上述标准进行分类以外，还可以按其他标准分类，如按提供资料编制的会计报表分类，按会计主体分类，按期末余额分类，等等。

账户按提供资料编制的会计报表分类，分为资产负债表账户和利润表账户。资产负债表账户是指该账户所提供的资料是编制资产负债表的依据。资产负债表账户包括资产、负债和所有者权益三类，分别与资产负债表中的这三类项目相对应。如果“生产成本”账户期末有余额，也应列入资产负债表。利润表账户是指该账户所提供的资料是编制利润表的依据。利润表账户包括收入类和费用类两类，这些账户是根据利润表的项目设置的。研究账户按提供资料编制的会计报表分类，目的在于通过这些账户的具体核算，提供期末编制会计报表所需要的数据。

账户按会计主体分类，分为表内账户和表外账户。表内账户是指用来核算一个会计主体的资产、负债、所有者权益、收入、费用及经营成果的账户，前面列举的账户均为表内账户。表外账户是指用来核算不属于本会计主体的资产的账户，如采用经营租赁方式租入固定资产账户是表外账户。研究账户按会计主体分类的目的在于严格划清会计核算和监督内容的空间界限，为本企业的经营管理提供更多的资料。

账户按期末余额分类，可分为借方余额账户、贷方余额账户和期末无余额账户。一般情况下，借方余额账户的借方发生额表示增加，贷方发生额表示减少，期末余额一般在借方。资产类账户一般都是借方余额账户。一般情况下，贷方余额账户的借方发生额表示减少，贷方发生额表示增加，期末余额一般在贷方。负债类和所有者权益类账户的期末余额一般都在贷方。期末无余额账户是指期末结账时，将本期汇集的借（贷）方发生额分别从贷（借）方转出，结转后期末没有余额的账户。收入类和费用类账户为期末无余额的账户。通常将期末有余额的账户称为实账户，实账户的期末余额代表着企业的资产、负债或所有者权益；期末无余额的账户称为虚账户，虚账户的发生额反映企业的损益情况。研究账户按期末余额分类，目的在于把握账户期末余额代表的内容及期末结转的规律性，以便正确地组织会计核算。

研究账户的分类，是为了从相互联系的账户中探求其差异性，认识设置和运用账户的规律性。账户分类标准是依据账户所具有的一些特征确定的，每一个账户都有若干特征，因此都可以按不同的标准归入不同的类别。如“原材料”账户，从会计要素来看，它属于资产类账户，反映企业在生产经营过程中必不可少的流动资产；从用途和结构来看，它属于盘存账户，反映企业实际的库存原材料价值；从提供指标的详细程度来看，它属于总分类账户，总括地反映企业原材料的增减变动及结存情况；从提供资料编制的会计报表来看，它属于资产负债表账户，账户的期末余额应作为企业资产的一部分，列入资产负债表；从会计主体来看，它属于表内账户，代表着本企业拥有或可以控制的经济资源；从期末余额来看，它属于借方余额账户，反映库存原材料的实际价值。总之，借助账户的分类，可以揭示账户的特征，有利于加深对账户的认识。

第八节　会计方法

会计方法是指用任何手段去实现会计的目标，完成会计核算与监督的职能。会计方法究竟包括哪些内容，在会计理论界与实务界存在不同的看法，大多数人认为它至少包括五个方面的内容，会计核算、会计分析、会计考核、会计预测及会计决策。其中，会计核算方法是最基本、最主要的方法。

一、会计核算

会计作为经济管理的重要组成部分，是由整套科学的方法体系组成的。由于客观经济业务纷繁复杂，在生产、交换、分配、消费的过程中发生的经济信息数不胜数，会计主体要将经济信息转换成会计信息，就必须依照会计准则相关的规定对于大量的经济信息进行确认、计量、记录、分类、汇总、加工处理，使其成为有效的会计信息。这个信息转换的过程称为会计核算。会计核算是会计的主要方法，是其他各种方法的基础。

会计主体在发生经济业务之后，应依据会计准则从大量的经济信息中进行选择和确认，并且以货币为尺度进行计量；在选定某种标准进行分类以后，就要按一定的规则进行记录，将经济信息转换为会计信息；对于形成的会计信息还需要进行加工处理，即进行调整、分类、汇总，最后编制会计报表予以揭示（表述）。会计核算又包括系列具体的方法：确认、计量、记录和报告。

二、会计分析

会计分析是会计的又一主要方法。会计分析主要依照会计核算提供的各项信息资料，结合经济业务发生的过程，运用一定的分析方法，对企业的经营过程及其经营成果进行定性或定量的分析。会计分析的资料将成为会计考核、预测和决策的主要依据。从一定意义上说，会计分析是会计考核、会计预测和会计决策的前奏。

三、会计考核

会计考核（会计监督、控制）是通过会计核算及会计分析所提供的资料与原定目标进行比较，来考核、检查企业的生产经营过程或单位的经济业务是否合理、合法，与原定目标有多大偏差，考核会计主体的经营业绩，监督经济运行的全过程，控制经济按预定的轨道运行。

四、会计预测

会计预测是通过会计核算及会计分析所提供的资料与市场环境诸因素的相关性，运用一定的预测方法，对会计主体的财务指标的未来发展趋势做出测算、预计和估价，为会计决策提供可选择的方案。会计预测是可行性研究的重要组成部分。

五、会计决策

会计决策是企业经营决策的重要组成部分。由于会计信息使用货币量度，因此它具有综合性的特点。会计信息能够综合反映企业生产经营活动的优缺点，会计信息中的利润（或亏损）指标可以综合说明一个单位经营管理水平的高低。会计参与经营决策，选择经济效益较高的方案，是我国会计工作发展的总趋势。

第二章　会计信息的生成

第一节　会计凭证

一、会计凭证概述

（一）概念

会计凭证是指记录经济业务发生或者完成情况的书面证明，是登记账簿的依据。正确填制和审核会计凭证，是会计核算的方法之一，是进行会计核算工作的起点和基本环节，也是对经济业务进行日常监督的重要环节。

（二）作用

（1）会计凭证能够记录经济业务，提供记账依据。会计凭证是记账的依据，通过会计凭证的填制、复核，按照一定的方法对会计凭证进行整理、分类、汇总，为会计记账提供真实、可靠的依据，并通过会计凭证的及时传递，对经济业务适时地进行记录。

（2）会计凭证有助于明确经济责任，强化内部控制。通过会计凭证的填制和审核，可以明确各职能部门、经办人员的经济责任，有利于明确经济责任，还可以促使相关人员严格遵守有关法律、法规和制度，在其职权范围内各负其责，相互监督，强化内部控制。通过会计凭证的审核，还能够及时发现经营管理中的薄弱环节，总结经验教训，以便采取措施，改进工作。

（3）会计凭证能够监督经济活动，控制经济运行。通过会计凭证的审核，可以检查经济业务的发生的合理性、合法性及有效性，监督经济业务的发生、发展，控制经济业务的有效实施。出现问题能够及时发现，从而积极采取措施予以纠正，对经济活动进行事先、事中、事后控制，保证经济活动健康运行，有效发挥会计的监督作用。

（三）分类

会计凭证因其使用要求不同，种类也多种多样，不同的经济业务要求不同的格式和填制内容。一般来说，按其填制程序和用途不同，会计凭证可以分为原始凭证和记账凭证两种。

二、原始凭证

（一）定义

原始凭证（又称单据），是指在经济业务发生时取得或填制的用以记录或证明经济业务发生或完成情况的原始依据。

原始凭证是伴随着经济业务的发生而出现的，是进行会计核算的初始资料和依据。一切经济业务发生时都必须填制原始凭证，会计工作中应用的原始凭证种类很多，如收据、收货单、发货单和领料单，以及各种报销凭证和银行结算凭证都属于原始凭证。此外，对于一切经常重复发生的经济业务，会计上还可以根据同类原始凭证编制原始凭证汇总表，以简化会计核算工作。原始凭证汇总表也属于原始凭证，不能证明经济业务已经发生或完成的类似原始凭证的书面资料如“经济合同”“材料请购单”等，则不能作为会计核算的原始凭证。

（二）分类

1. 按来源分类

原始凭证按其来源不同，可以分为自制原始凭证和外来原始凭证。

（1）自制原始凭证是指由本单位有关部门和人员，在执行或完成某项经济业务时填制的，仅供本单位内部使用的原始凭证。如外购原材料时由仓库部门填制的收料单，车间领用原材料时填写的领料单，为了成本控制避免浪费而产生的比领料单多了一项“定额”的限额领料单，发出产品时由仓储部门填写出库单，职工出差预借款时由职工填写的借款单，人力资源管理部门编制的工资发放明细表，财务部门编制的固定资产折旧计算表等。

（2）外来原始凭证是指在经济业务发生或完成时，从其他单位或个人直接取得的原始凭证。如购买材料取得的增值税专用发票，银行转来的各种结算凭证，对外支付款项时取得的收据，职工出差取得的飞机票、车船票等。

2. 按格式分类

原始凭证按格式的不同，可以分为通用凭证和专用凭证。

（1）通用凭证是指由有关部门统一印刷、在一定范围内使用的具有统一格式和使用方法的凭证。常见的通用凭证有全国通用的增值税专用发票、银行转账结算凭证等。通用凭证的使用范围，可以是某一地区或某一行业，也可能是全国通用。如全国统一的异地结算银行凭证、部门统一规定的发票、地区统一的汽车票等。

（2）专用凭证是指由单位自行印刷，仅在本单位内部使用的原始凭证。如企业内部使用的收料单、领料单、工资费用分配表、折旧计算表等。

3. 按填制的手续和内容分类

原始凭证按填制的手续和内容，可以分为一次凭证、累计凭证和汇总凭证。

（1）一次凭证是指一次填制完成，只记录一笔经济业务且仅一次有效的原始凭证。大多数原始凭证都是一次凭证。比如发票、收据、支票存根、收料单、出库单等。

（2）累计凭证是指在一定时期内多次记录发生的同类型经济业务且多次有效的原始凭证。其特点是在一张凭证内可以连续登记相同性质的经济业务，随时结出累计数和结余数，并按照费用限额进行费用控制，期末按实际发生额记账。

(3) 汇总凭证也称原始凭证汇总表，是指对一定时期内反映经济业务内容相同的若干张原始凭证，按照一定标准综合填制的原始凭证。它合并了同类型经济业务，简化了会计核算工作。常见的汇总凭证有：发料凭证汇总表、工资结算汇总表、差旅费报销单等。

(三) 原始凭证的内容、填制与审核

1. 原始凭证的基本内容

经济业务是多种多样的，记录经济业务的各种原始凭证其具体格式和内容也不尽相同。但应当具备以下基本内容：

(1) 填制单位的名称（签名或盖章）；

(2) 原始凭证名称；

(3) 填制凭证日期；

(4) 接受凭证单位名称；

(5) 经济业务内容摘要；

(6) 经济业务所涉及的财产物资数量和金额；

(7) 填制单位、填制人员、经办人员和验收人员的签字盖章。

有时原始凭证为了满足其他业务的需要，还可列入其他相关内容，如预算项目、合同号码等，使原始凭证发挥多方面的作用。

2. 原始凭证填制的基本要求

原始凭证是会计主体发生或完成经济业务的最原始书面证明，它的好坏直接关系到会计核算的真实和准确，因此原始凭证在填制时必须符合以下要求：

(1) 真实可靠。凭证上的有关业务内容、金额等必须根据实际情况填制，不能弄虚作假，以保证原始凭证的真实性。

(2) 内容完整。凡是凭证格式上规定的各项内容必须逐项填写齐全，不得遗漏和省略，以便完整地反映经济业务的全貌。一式数联的凭证，各联的内容必须完全一致，联次不得短缺。有关人员签字、盖章必须清晰完整。

(3) 填制及时。有关人员必须在经济业务发生或完成时及时填制原

始凭证，以便及时地反映经济业务并进行会计核算，从而保证会计信息资料的及时性。

（4）数据准确。凭证上有关数字的计算必须准确无误，大小写金额计算必须相等，数量、单价金额计算必须准确，不得匡算。

（5）文字规范。填制原始凭证文字必须符合下列要求：①原始凭证要用蓝色或黑色笔书写，文字简便，字迹清楚，易于辨认；填写支票要用碳素笔。②对于一式几联的原始凭证，必须用双面复写纸套写，属于需要套写的凭证，必须一次套写清楚。③凭证上的数字要书写规范。大写金额按汉字正楷书写，如壹、贰、叁、肆、伍、陆、柒、捌、玖、拾、佰、仟、万、亿、元、角、分、零、整等，阿拉伯数字应一个一个地写，不得连笔写。小写金额中间有连续几个零字时，大写金额可以只写一个零；大写金额到元、角的，元、角字后面要写“整”字，大写金额到分的，则不写“整”字。

（6）正确改错。凭证上的内容如出现错误，应用规定的方法予以更正，不得随意涂改、挖补，但有关现金和银行存款的收付款凭证如填写错误，则应按规定的手续注销，作废后重写，以免错收、错付。

（7）正确办理原始凭证遗失手续。如果遗失了从外单位取得的原始凭证，应取得原签发单位盖有财务章的证明，经经办单位领导批准后代作原始凭证。如遗失车票等凭证，确实无法取得证明的，由当事人写出详细情况，由经办单位负责人批准后代作原始凭证。

3. 原始凭证的审核

为了保证会计核算资料的合法性、真实性和可靠性，取得的原始凭证必须经专人审核无误后，方可依其编制记账凭证，原始凭证的审核主要包括以下内容：

（1）审核原始凭证的真实性、合法性和合理性。真实性是指出纳人员应审查原始凭证所反映的经济业务是否同实际情况相符，有无伪造、编造凭证从中贪污等情况。合法性是指审查原始凭证所反映的经济业务是否符合国家的方针、政策和法规的规定。合理性是指审核原始凭证是否符合本单位的计划、预算和规章制度。如发现违反财经纪律和制度的情况，会计人员有权拒绝付款、报销或执行，情节严重的，应予追究法律责任。

（2）审核原始凭证的完整性。审核原始凭证的内容填写得是否完整，凭证联次是否正确，各项目是否按规定填写齐全，各项手续是否齐备，各有关人员是否签字盖章等。

（3）审核原始凭证的正确性。主要是指审核原始凭证所填写的数字是否符合要求，包括数量、单价、金额以及小计、合计等填写是否清晰，计算是否准确，大小写金额是否相符，是否用复写纸套写，有无涂改、刮擦和挖补等违法行为。

（4）审核原始凭证的及时性。主要是指审核原始凭证是否在经济业务发生或完成时及时填制和传递。审核原始凭证时应当注意审核凭证的填制日期，尤其是支票、银行汇票、银行本票等时效性较强的原始凭证。

经审核的原始凭证，应做出不同处理：如对于完全符合要求的原始凭证，应及时据以编制记账凭证；对于真实、合法、合理，但内容不完整或填写有错误的原始凭证，应退回给有关经办人员，由其负责将有关凭证补充完整、更正错误或重开后，再办理正式入账手续；对于不真实、不合法的原始凭证，会计机构会计人员有权不予受理，情节严重的，可向相关单位负责人报告。

三、记账凭证

（一）定义

记账凭证就是会计人员根据审核无误的原始凭证或原始凭证汇总表，按照经济业务的性质、内容加以归类编制的，据以确定会计分录作为登记账簿依据的会计凭证。

原始凭证由于来自各个不同的方面，种类繁多，格式不一，而且不能清楚地表明应记入账户的名称和方向，不经过必要的归纳和管理，难以达到记账的要求。所以在记账前必须根据原始凭证编制记账凭证，这对于保证账簿记录的正确性是十分必要的。有些会计事项如更正错账、期末转账等，因无法取得原始凭证，也可由会计人员根据账簿提供的数据编制记账凭证。

（二）分类

1. 按反映经济业务的内容分类

记账凭证按其反映经济业务的内容不同，可以分为收款凭证、付款凭证和转账凭证。

收款凭证和付款凭证用于现金、银行存款的收付款业务，具体又可分为现金收款凭证、现金付款凭证、银行存款收款凭证和银行存款付款凭证等。

转账凭证则是用于不涉及现金和银行存款收付的其他经济业务，即所谓转账业务的记账凭证。

凡是涉及现金与存款之间，或各种存款之间相互转账的经济业务，不能既编制收款凭证，又编制付款凭证，否则会重复记账。因此，会计惯例中要求对于这一类经济业务只编制付款凭证，不编制收款凭证。

2. 按使用格式分类

记账凭证按其使用的格式不同，可分为通用记账凭证、专用记账凭证和汇总记账凭证三种。

通用记账凭证是指不需要区分经济业务的性质，均只填写统一格式的一种记账凭证，它一般适用于规模小、收付业务不多的单位。

专用记账凭证是指记账凭证按照经济业务不同采用不同格式的记账凭证。专用记账凭证又分为收款凭证、付款凭证和转账凭证三种。其格式参见前面相关内容。

汇总记账凭证是指为了简化登记总分类账的手续，将一定时期内的记账凭证进行汇总编制而成的记账凭证。汇总记账凭证按其汇总方法不同，可分为分类汇总凭证和全部汇总凭证两类。分类汇总凭证主要包括汇总收款凭证、汇总付款凭证和汇总转账凭证；全部汇总凭证如记账凭证汇总表（科目汇总表）。

（三）记账凭证的内容、填制与审核

1. 记账凭证的基本内容

记账凭证与原始凭证一样有许多种类，每一种类格式也不一样，但其主要作用都在于对原始凭证进行分类、整理，按照复式记账的要求，运用会计科目，编制会计分录，据以登记账簿。因此，为了满足以上要求，一般记账凭证都必须具备以下内容：

（1）填制单位名称；

（2）记账凭证的名称；

（3）填制凭证的日期；

（4）记账凭证的编号；

（5）经济业务的简要说明以及注明所附原始凭证的张数及其他资料；

（6）会计科目的名称、金额和记账方向。会计科目包括一级科目、二级科目和明细科目；

（7）凭证填制人员、审核人员、记账人员和会计主管人员的签名或盖章；

（8）记账符号。记账凭证记账后，在凭证的“记账符号”栏内打“√”符号，表明该凭证已登记入账，以防重记或漏记。

2. 记账凭证的填制要求

各种记账凭证都要按照规定的格式和内容正确、及时地加以填制，在填制过程中应注意以下几点要求：

（1）记账凭证的“摘要”栏，应尽可能简单明了地填写经济业务内容，文字要清晰扼要，这对查阅凭证、登记账簿都十分重要。

（2）填制记账凭证时，应填列会计科目名称，或者科目名称和编号，不能只填编号不填科目名称。需要登记明细账的还要列明二级科目和明细科目的名称，据以登账。

（3）记账凭证在一个月内应连续编号，便于查阅审核，在使用通用记账凭证时，可使用“总字编号法”，即按经济业务发生时的时间顺序依次编号；采用收款凭证、付款凭证和转账凭证，可以使用“×字号编号法”，即按凭证类别分别顺序编号。例如，现收字第×号、银付字第×号和转字第×号等；分类记账凭证也可采用“双重编号法”，即按总字顺序与按类别顺序编号相结合。

（4）记账凭证后面必须附有原始凭证，并注明张数，以便日后查阅。如果根据一张原始凭证填制两张或两张以上记账凭证，则应在未附原始凭证的记账凭证右上角注明：“原始凭证××张附在第××号凭证上”。经过上级批准的经济业务，应将批准文件作为原始凭证附件。如果批准文件需要单独归档，应在凭证上注明批准文件名称、日期和文件字号。原始凭证张数以其自然数为准计算，即凡是与记账凭证中的经济业务记录有关的每一张凭证都算一张。

（5）记账凭证金额填完后应加计金额合计数。记账凭证的一方不论是一个会计科目或若干个会计科目，或一个会计科目下有若干个明细科目，都应将一方的金额加计合计数后填写在相应的“合计”栏内。合计金额前应加注币值符号，如人民币符号“¥”。

（6）填制记账凭证的日期。收付款业务应按货币资金收付的日期填写，转账凭证原则上应按原始凭证日期填写。如果原始凭证日期与报账日期不符，可按填制凭证日期填写，在月终时，有些转账业务要等到下月初方可填制转账凭证，也可按月末日期填写。

（7）记账凭证填写完毕，应进行复核与检查，并进行试算平衡，相关人员要签字盖章。

3. 记账凭证的审核

记账凭证是登记账簿的直接依据，因此为了保证账簿记录的准确性，在登记账簿前必须建立专人审核制度，对记账凭证及所附原始凭证详细审核，保证记录准确。记账凭证审核主要包括以下内容：

（1）记账凭证是否附有原始凭证，是否与原始凭证内容相符。

（2）凭证的应借、应贷会计科目名称是否正确，对应关系是否清晰，金额计算是否准确。

(3) 凭证各项目是否填列齐全，相关人员是否均已签字盖章。

在审核中，如发现编制有错误，应及时查明原因予以更正。只有审核无误的记账凭证，才能据以登记账簿。

四、会计凭证的传递与保管

(一) 会计凭证的传递

会计凭证的传递是指从会计凭证编制时起到归档保管时止，按一定的传递程序和时间，在本单位内部各有关部门和人员之间传递的全过程。它主要包括两个方面的内容，即会计凭证传递的路线和各环节停留及传递的时间。会计凭证的传递程序是会计制度的一个组成部分，应在制度里明确规定。

正确组织会计凭证传递对及时处理经济业务、保证会计信息及时性有重要作用。

为科学组织会计凭证的传递，在确定传递路线和传递时间时应注意以下几点：

(1) 应根据核算单位自身业务特点、人员分工情况以及管理要求，合理规定各种凭证的联数和传递程序，避免不必要的环节，以免影响传递速度。

(2) 应根据有关部门和人员办理业务的需要，确定凭证在各个环节存留时间，防止时间过松或过紧带来不利影响。

(3) 会计凭证的传递程序和时间确定后，应绘成流程表，并明确规定，供会计人员自觉遵守执行，并根据实际需要，随时修改，以便更好地完成凭证的传递手续。

(二) 会计凭证的保管

会计凭证是重要的会计档案和历史资料，它是事后了解经济业务、检查账务、明确经济责任的重要资料和证明。因此，任何单位在完成记账程序后，对会计凭证都应按规定立卷存档保存。

会计凭证的保管是指会计凭证登记入账以后的整理、装订和归档存查的过程。

会计凭证保管的主要方法和要求如下：

（1）会计部门在记账以后，应定期（每月）对各种凭证进行分类整理，将各种记账凭证按编号顺序排列，连同所附原始凭证一起加上封面、封底装订成册，在装订线上加贴封签，并在封签上加盖会计主管的骑缝图章。封面上应注明单位的名称、所属的年度和月份，起讫日期；记账凭证的种类、起讫号数和总计册数等。

（2）如在一定时期内，凭证数量过多，可分册装订，在封面加注“共几册第几册”字样，需要将原始凭证单独归档保管的，应编制目录详细记录，以便查阅。

（3）装订成册的会计凭证，应集中由专人保管。一般不得外借，查阅必须严格办理手续，如确需某凭证作为依据时，应予复制，不得抽出原凭证。

（4）当年的会计凭证，在会计年度终了后，可暂由财会部门保管一年，期满后，填制清册移交档案管理部门保管，保管期满后，按规定手续报经批准，方能销毁。

《会计档案管理办法》规定，会计凭证需保存30年，对于保管期满但未结清的债权债务原始凭证以及涉及其他未了事项的原始凭证，不得销毁，应单独抽出，另行立卷，由档案部门保管到未了事项完结时为止。正在项目建设期间的建设单位，其保管期满的会计凭证等会计档案不得销毁。

第二节　会计账簿

一、会计账簿及作用

（一）会计账簿的含义

账簿是由一定格式、相互联系的账页组成的，用来序时、分类记录和反映各项经济业务的会计簿籍。簿籍是账簿的外表形式，而账户记录则是账簿的内容。

（二）会计账簿的设置和登记的作用

设置和登记账簿，是会计核算体系的一个重要组成部分，也是会计核算的一种专门方法，在会计核算中起着重要作用，具体表现为如下几个方面：

（1）可以为经营管理提供连续、系统、全面的会计核算资料。在会计核算中，通过会计凭证的填制和审核，可以反映和监督各项经济业务的发生及完成情况，但会计凭证只能提供片段的、零星分散的会计信息，不能把某一时期的全部经济活动情况完整、系统地反映出来。而通过设置和登记账簿，就可以把大量零星分散的原始资料加以归类整理，可以连续反映各单位财产物资的增减变动及其结存情况，对于加强经济核算、提高经营管理水平具有重要作用。

（2）设置和登记账簿，可为编制财务报表提供依据，有利于正确编制财务报表。账簿是编制报表直接的依据，账簿的设置和登记正确、及时与否，直接影响对外提供会计信息的质量和及时性。

（3）设置和登记账簿，可以为有关各方提供企业经营成果的详细资料，为财务成果的分配和考核计划执行情况提供可靠依据，同时，账簿记录也会为会计分析、会计检查提供依据和资料。

二、会计账簿的种类

在日常会计核算中，使用的账簿是多种多样的。会计账簿按不同的标准可以分为不同的种类。

（一）按用途分类

账簿按其用途不同，可分为序时账簿、分类账簿和备查账簿三种。

1．序时账簿

序时账簿简称序时账或日记账。它是按照经济业务发生的时间先后顺序，逐日逐笔登记经济业务的账簿。

序时账簿按其记录的经济业务的内容不同又可分为如下两类：

（1）普通日记账。普通日记账是用来登记全部经济业务的序时账簿。在普通日记账中，根据每天发生经济业务的先后顺序，逐笔编制会计分录，作为登记分类账簿的依据。这种日记账也称“分录账”。

（2）特种日记账。特种日记账是专门用来登记某一类经济业务，根据记账凭证逐日逐笔登记的序时账簿。如现金日记账、银行存款日记账等，这两种账簿可以用来核算和监督核算单位现金、银行存款的收支和结存情况。

目前，在我国，为加强对库存现金和银行存款的管理，要求各单位必须设置现金日记账和银行存款的日记账，不设置普通日记账。

2．分类账簿

分类账簿简称分类账，是对全部经济业务按照总分类账户和明细分类账户进行分类登记的账簿。分类账簿可以分为总分类账簿和明细分类账簿。

（1）总分类账簿，简称总分类账或总账，是根据一级账户设置的，总括反映全部经济业务和资金状况的账簿。

（2）明细分类账，简称明细账或细账，是根据二级账户或明细账户设置的，详细反映某一类经济业务的账簿。明细账是对总账的补充和说明，并受总账账户的统驭和控制。在实际工作时，有时可以将序时账和分类账结合在一起使用，在一张账页上，既有序时登记，又有分类登记；既能集中反映全部经济业务，又能反映账户的对应关系，这种账簿被称为联合账簿，日记总账即为典型的联合账簿。

3．备查账簿

备查账簿又称备查登记账簿或辅助账簿。它是对序时账簿和分类账簿等主要账簿未能记载的或记载不全的经济业务进行补充登记的账簿。如应收票据登记簿、租入固定资产登记簿等。设置和登记备查账簿，可以对某些经济业务的内容提供必要的参考资料，各单位可根据实际需要设置使用。

（二）按外表形式分类

账簿按其外表形式不同，可分为订本式账簿、活页式账簿和卡片式账簿三种。

1. 订本式账簿

订本式账簿简称订本账，是指在使用前就把顺序编号的若干账页固定装订成册的账簿。该种账簿的优点是：能防止账页的散失或被抽换等不法行为的发生，保证账簿的完整和安全。因此，它一般用于有统驭性和重要账簿的使用，如总分类账、现金日记账和银行存款日记账等。其缺点是：同一本账簿在同一时间只能由一个人登记，不能分工记账。同时订本账账页固定，不能根据需要来增加或减少，以及重新分类排列。预留账页时，如果预留过少，就会影响账簿记录连续性；如果预留过多，就会造成账页浪费。

2. 活页式账簿

活页式账簿简称活页账，是指在启用前不固定装订和编号，而是将零散的账页装存在账夹内，可以随时取放增减账页的账簿。该种账簿的优点是不受账页限制，可以根据需要增减和重新分类排列账页，不需预留，能够保证账簿记录的完整性、连续性。另外也便于工作人员分工记账，有利于节省财会人员的劳动时间，提高工作效率。因此，活页账多适用于总账账户下明细科目较多的明细记录使用，如材料、商品等明细账。其缺点是账页较容易散失和被抽换，极不安全。因此，在使用过程中要严加管理，建立严密的登记手续。年度终结，应将账页编号装订成册，集中保管。

3. 卡片式账簿

卡片式账簿简称卡片账。它是由卡片组成的，存放在卡片箱中，随时可以取放的账簿。该种账簿的使用类似于活页账，但由于平时保存在卡片箱中，加盖上锁，较活页账安全。该种账簿多用于企业固定资产明细账和银行活期储蓄存款明细账的登记使用。

（三）按账页格式分类

账簿按账页格式不同，可分为两栏式账簿、三栏式账簿、数量金额式账簿、多栏式账簿和横线登记式账簿五种。

1. 两栏式账簿

两栏式账簿是指只有“借方”和“贷方”两个基本金额栏目的账簿。普通日记账一般采用两栏式账簿。

2. 三栏式账簿

三栏式账簿又称借贷余式账簿，是指其账页的格式主要部分为“借方”“贷方”和“余额”三栏或者“收入”“支出”和“余额”三栏的账簿。各种日记账、总分类账及资本、债权债务明细账采用三栏式账簿。

3. 数量金额式账簿

数量金额式账簿是指在账页中分设“借方”“贷方”和“余额”或者“收入”“发出”和“结存”三大栏，并在每一大栏内分设数量、单价和金额三小栏的账簿，数量金额式账簿能反映出财产物资的实物数量和价值量。原材料和库存商品、产成品等明细账一般采用数量金额式账簿。

4. 多栏式账簿

多栏式账簿是指根据经济业务的内容和管理的需要，在账页的“借方”和“贷方”栏内再分别按照明细科目或某明细科目的各明细项目设置若干专栏的账簿。这种账簿可以按“借方”和“贷方”分别设专栏，也可以只设“借方”专栏，“贷方”的内容在相应的借方专栏内用红字登记，表示冲减。收入、费用明细账一般采用多栏式账簿。

5. 横线登记式账簿

横线登记式账簿是指账页分为“借方”和“贷方”两个基本栏目，每一个栏目再根据需要分设若干栏次，在账页两方的同一行记录某一经济业务自始至终所有事项的账簿。它主要适用于需要逐笔结算的经济业务的明细账，如物资采购、一次性备用金业务等明细账。

三、会计账簿的设置和登记方法

（一）会计账簿设置的原则

账簿的设置，包括确定账簿种类，设置账簿格式、内容和登记方法。账簿设置的好坏，直接影响会计核算的时效性。各单位应设置哪些种类账簿，各账簿采用什么样的格式，不能强求一律，应结合各单位经济活动的特点和管理上的要求合理设置，既要符合会计制度的要求，又要有利于充分发挥账簿的作用，力求科学、严密，还要层次分明，结构合理。因此，设置账簿应遵循下列一些原则：

（1）设置账簿必须做到繁简适当，结构合理，既要便于财会人员的分工，节省记账时间和工作量，提高工作效率，又要结合本单位的特点，满足各方面经营管理所需的会计信息。

（2）设置账簿必须遵守国家有关会计制度的规定，不得以表代账或搞无账会计。

（二）会计账簿的基本内容

虽然会计账簿种类繁多，格式不一，但无论哪种账簿都应具备以下一些基本内容：

（1）封面，每种账簿都应设置封面，用来标明账簿名称和使用单位名称，便于查阅或保护账页安全。

（2）扉页，即打开账簿封面的第一页，用来注明使用单位的名称或单位盖章（若封面不标明使用单位名称），标明账簿的启用日期和截止日期、册数、册次、经管人员姓名及盖章，交接记录一览表及账户目录等。

（三）账簿的格式和登记方法

1. 序时账簿的设置和登记

（1）普通日记账是逐日序时登记特种日记账以外的经济业务的账簿。普通日记账一般分为“借方金额”和“贷方金额”两栏，登记每一分录的借方账户和贷方账户及金额，这种账簿不结余额。

（2）常用的特种日记账，如现金日记账、银行存款日记账。目前，为贯彻执行国家的货币资金管理制度，加强货币资金的管理及日常核算和监督，各单位大多使用特种日记账，这有利于贯彻执行国家规定的货币资金管理制度。

第一，现金日记账。现金日记账是用来序时登记库存现金收入、支出和结存情况的账簿。由出纳人员根据收款凭证、付款凭证逐日、逐笔登记。

现金日记账的格式可以是三栏式，也可以是多栏式。三栏式现金日记账包括“借方”“贷方”和“余额”三个栏次，附设业务日期、摘要，据以登记的凭证号数、对方科目等栏目。登记时，由出纳人员根据审核无误的现金收款凭证、付款凭证或银行存款收款凭证、付款凭证，按照时间顺序逐日、逐笔登记所列业务各项内容。每日终了，应结出账面余额，并与库存实有现金数额核对，如发现不符，应及时查明原因，妥善处理。如库存现金数量超过规定限额，应将超出部分及时送存银行。

多栏式现金日记账是在三栏式现金日记账基础上发展建立的一种账页格式。其特点是将现金收入、支出栏分项目设置，收入数按应借科目分设专栏，然后根据各栏合计数登记总账。这种格式的现金日记账使现金收入、支出的来龙去脉体现得更加淋漓尽致。

第二，银行存款日记账。银行存款日记账是用来逐日、逐笔反映银行存款的增加、减少和结存情况的账簿。同现金日记账相同，也是由出纳人员根据银行存款收款凭证、付款凭证序时登记。

银行存款日记账的格式也可以采用三栏式或多栏式，登记方法类似于现金日记账，所不同的是银行存款日记账比现金日记账多设一个“结算凭证种类和号数”栏，原因是银行存款的收付，均是根据银行规定的结算凭证办理，为了便于和银行对账，因此，单独列示每笔存款收付时所依据的结算凭证种类和号数。银行存款日记账的格式与现金日记账的格式相似。

2. 分类账簿的设置和登记

分类账簿是用来分类登记经济业务的账簿。根据提供资料的详细程度不同，分类账簿可以分为总分类账簿和明细分类账簿。现分别介绍如下：

（1）总分类账簿，简称总账。它是根据总账科目（一级科目）设置，用来分类、连续记录和反映企业经济活动及资产、负债、所有者权益、收入、费用和利润等状况的账簿，由于其只提供总括资料，因此总账账簿只用来登记货币金额的增减变动，总括地反映核算单位的资金循环和收支情况，为编制财务报表提供必要的资料。

总分类账通常规定使用订本式，因此启用前应分析各科目业务数量预留账页。其账页格式一般为三栏式。

（2）明细分类账，也称明细账，是根据二级科目或明细科目开设的，用来分类、连续地记录和反映核算单位经济活动及资产、负债、所有者权益、收入、费用和利润等详细情况的账簿。

明细分类账可以根据记账凭证、原始凭证或原始凭证汇总表登记。由于其反映经济业务指标内容不同，其账簿格式也不相同，常用的明细账有四种格式，即三栏式、数量金额式、多栏式和横线式。

第一，三栏式明细账。三栏式明细账格式与其他三栏式账簿一样，分设“借方”“贷方”和“余额”三个专栏。这种格式账簿一般适用于只需进行金额计算的明细科目登记使用。如应收账款、应付账款和应付职工薪酬等。

第二，数量金额式明细账。数量金额式明细账是在“收入”“发出”和“结存”三大栏中分别下设“数量”“单价”和“金额”三个小栏。它适用于既需要进行金额核算，又需要提供数量指标的经济业务。有时，为了满足管理上的需要，在账页上端还需设计一些必要项目，以便取得相关资料。它主要适用于“原材料”“库存商品”等账户的明细核算。

第三，多栏式明细账。多栏式明细账是根据各经济业务内容和提供资料要求，在一张账页上的“借方”或“贷方”下面按明细项目分设专栏，以提供该科目的详细资料。这种格式的明细账适用于生产成本、制造费用、管理费用、销售费用、主营业务收入和本年利润等账户的核算使用。由于各账户核算内容不一样，所以专栏设置也不尽相同，多栏式明细分类账页又分为借方多栏（生产成本明细账）、贷方多栏（主营业务收入明细账）和借方贷方多栏（应交税费——应交增值税明细账）三种格式。

第四，横线登记式明细账。横线登记式明细账也称平行式明细分类账。它的账页结构特点是，将前后密切相关的经济业务在同一横行内进行详细登记，以检查每笔经济业务完成及变动情况。该种账页一般用于"物资采购""一次性备用金业务"等明细分类账。

平行式明细账的借方一般在购料付款或借出备用金时按会计凭证的编号顺序逐日逐笔登记，其贷方则不要求按会计凭证编号逐日逐笔登记，而是在材料验收入库或者备用金使用后报销和收回时，再与借方记录的同一行内进行登记。同一行内借方、贷方均有记录时，表示该项经济业务已处理完毕，若一行内只有借方记录而无贷方记录时，表示该项经济业务尚未结束。

(四) 账簿的登记规则和错账更正

1. 账簿的登记规则

(1) 为了保证账簿记录的合法性，明确记账责任，应在每本账簿启用前，认真填写账簿扉页上的账簿启用表和经管人员一览表。填写单位名称、启用日期、共计页数、会计主管和记账人员姓名等。账簿记录中途记账人员如有变动，要在第三者在场的条件下办理交接手续，并在"经管人员一览表"中签字盖章，说明交接日期和接办人员。

(2) 为保证账簿记录的正确性，记账时必须根据审核无误的会计凭证，按账页项目要求和账页行次顺序连续登记，账页中各栏目内容必须填列齐全，摘要文字简明扼要，文字清晰，数字要准确整齐，不能隔页跳行。如出现隔页跳行时，要将空页空行用红线对角画掉，注明作废。当账页记到最后第二行时，应留出末行，加计本页合计数，在摘要栏注明"转次页"字样，并将合计数记入次页的第一行，在摘要栏注明"承前页”字样。月终结账时，应在账页上结出本月发生额和月末余额。

（3）登记账簿要用蓝黑墨水或碳素笔书写，不得用铅笔或圆珠笔（复写账簿除外），也不能随便使用红色墨水笔书写，只有在改错、结账、对蓝色数字表示增减时方可使用红色墨水笔。

（4）账簿记录发生错误时，不准涂改、刮擦、挖补或用褪色药水消除字迹，而应采用规定方法更正。

（5）账簿记录中文字、数字书写必须符合要求。填写时，均要紧靠底线，大小以二分之一格为宜，最大不能超过三分之二，以便更改。数字均应与底线保持倾斜 60°角左右，数字 7、9 占本格四分之一，占下格四分之一，其余数字均占本格底线以上二分之一，文字之间不能留有空隙。

（6）记账人员应按日结出余额，在“借”或“贷”栏内写明“借”或“贷”等字样，表明余额方向，如无余额，应在“借”或“贷”栏内写“平”字或“θ”符号。

2. 错账的更正方法

账簿记录如发现错误，应根据错误性质和发现时间，按规定的适用更正方法更正，不能随意刮擦、挖补或使用化学方法消除或更改字迹，账簿记录错误更正方法有以下几种，可选择适用。

（1）画线更正法。记账后、结账前如发现账簿中文字或数字有笔误，而在原记账凭证正确的情况下，一般可以采用画线更正法进行更正。更正时，应先将错误的文字或数字画一条红线加以注销，然后在原记录上面二分之一空格内作更正后正确记录。但必须注意画一条红线后仍应保持原错误记录清晰可辨，更正后，应由记账人员在更正处签字、盖章，以示负责。另外还必须注意，对于错误的数字应全部画线更正，不能只更正其中个别数字或文字。

（2）红字更正法。在记账以后，如果发现原记账凭证中应借、应贷科目或金额发生错误时，可采用红字更正法更正。例如，记账后，发现原记账凭证中应借、应贷科目用错。更正时，应先用红字金额填制一张内容与原错误的记账凭证完全相同的记账凭证，据以用红字金额登记入账，以冲销原有的错误记录，然后再用蓝字金额填制一张正确的记账凭证，据以登记入账。

(五) 总分类账户和明细分类账户的平行登记

1. 总分类账和明细分类账的关系

总分类账是按照总分类账户开设的分类账，提供会计主体财务状况和经营成果的全面、系统的分类资料，只提供货币指标。明细分类账是按照二级账户或明细分类账户开设的分类账，它对各有关会计要素项目进行较为详细的分类反映，除了货币指标外，还提供实物量度指标，为日常管理和编制财务报表提供更加详细的资料。明细分类账对总分类账进行必要的补充说明，总分类账对明细分类账起统驭作用。

总分类账和明细分类账登记的依据是相同的，根据同一会计凭证对同样的会计事项进行确认和计量，这就客观要求总分类账和明细分类账进行平行登记。

2. 总分类账和明细分类账的平行登记

总分类账和明细分类账的平行登记就是对同一会计事项在总分类账和明细分类账中进行的同依据、同方向、同金额、同时间登记。

(1) 同依据

对发生的经业务，都要以相关的会计凭证为依据，既登记有关总账，又登记其所属明细账。

(2) 同方向

同方向是指对于同一会计事项在总分类账簿中的记账方向和在明细分类账簿中的记账方向是一致的。也就是说，如果在总分类账簿中的记账方向是借方（贷方），那么，在明细分类账簿中的记账方向必定也是借方（贷方）。

(3) 同金额

同金额是指对于同一会计事项在总分类账簿中的登记金额和在明细分类账簿中的登记金额是一致的。即在总分类账簿中的记账金额和在其控制的所有明细分类账簿中的登记金额之和必定是相等的。

（4）同时间

同时间是指对于同一会计事项在总分类账簿中入账的会计期间和在明细分类账簿中入账的会计期间是一致的。即总分类账不管是逐笔登记还是汇总登记，其所记录会计事项的入账期间和其控制的明细分类账的入账期间是同一月份。

总分类账和明细分类账的核对通过编制明细分类账户本期发生额及期末余额表进行。

明细分类账户本期发生额及余额表是按照总分类账户所属的所有明细账户的明细账账页记录的本期发生额和期末余额填制的，用来和总分类账本期发生额及余额进行核对的对照表。总分类账户所属的所有明细账户的本期发生额合计数和期初余额、期末余额合计数，应该分别和总分类账的本期发生额合计数和期初余额、期末余额合计数相等。明细分类账户本期发生额及余额表的格式是按照汇总明细分类账本期发生额及余额的原则设计的。

（六）对账与结账

1. 对账

对账是指在会计核算中，对账簿记录所做的核对工作。为了保证各种账簿记录真实、准确和完整，必须做好对账工作，建立良好的对账制度，以做到账证相符、账账相符和账实相符。

对账工作主要包括以下三个方面的内容：

（1）账证核对。会计凭证是账簿记录的直接依据，无论在记账过程或期末结账前，都要认真做好账证核对工作，做到账证相符，为账实相符打下良好的基础。

（2）账账核对。账账核对是指在账证核对相符情况下，各种账簿之间进行的核对，包括两个方面的内容：本单位内部各账簿之间相关内容核对应相符，本单位同其他单位的往来款项应核对也应相符。其具体内容有：

①总账账簿全部账户的借方本期发生额、余额合计数与贷方本期发生额、余额合计数核对平衡、相符。

②总账账簿各总账账户期末余额与其所属各明细账户期末余额合计核对相符。

③银行存款日记账的余额与银行对账单核对相符。

④财会部门有关财产物资的明细分类账簿余额应与财产物资保管部门和使用部门经管的明细记录的金额核对相符。

⑤本单位各项债权、债务明细分类账与相关债务人或债权人核对相符。

（3）账实核对。账实核对是指各种财产物资的账面余额与实存数核对相符。账实核对一般通过财产清查来进行。

2. 结账

结账就是把一定时期（月份、季度或年度）内发生的经济业务全部登记入账以后，计算并记录各账簿的本期发生额和期末余额，进行试算平衡，并结转下期或下年度账簿的一种方法。

结账分月结、季结和年结，在实际工作中，一般采用画线结转的方法进行。主要包括以下内容：

（1）将本期发生的全部经济业务都编制记账凭证，并登记入账，严禁出现漏记、重记或多记、少记现象，结账时间不能提前也不能退延，一定要定期、及时。

（2）按照权责发生制原则调整和结转有关账项。本期内所有的转账业务，应编制成转账记账凭证，并据以登记账簿，以调整账簿记录。如完工产品成本，应结转记入“库存商品”账户；将本期的预收收益和应收收益予以确认，记入本期收入项目等。

（3）将本期已确认登记的各项收入和应负担的成本、费用编制记账凭证，分别从收入账户和成本、费用账户结转入“本年利润”账户，以确定本期的盈亏成果。

(4) 计算、登记各账户本期发生额和期末余额，并结转下期。详细说明如下：

①月结。每月终了，在各项准备工作就绪以后，在账页中最后一笔经济业务记录的底线画一条通栏红线，红线下一行，将计算出的各账户本期发生额合计数和本月月末余额分别记入借方、贷方和余额栏内（若无余额，可在“借”或“贷”栏写“平”字，或在余额栏画“θ”符号），并在摘要栏注明“本月合计”字样，然后在末行底线再画一条通栏红线。

②季结。在季末最后一个月份的“月结”行的红线下一行，填入本季度三个月累计借、贷方发生额合计数和季终余额，并在“摘要”栏注明“本季累计”字样，然后在该行底线画一条通栏红线。

③年结。在年末第四季度季结所在行的红线下一行，计算并填入本年度4个季度借、贷方发生额累计数和年终余额，并在“摘要”栏注明“本年累计”字样，再在该行底线画一条通栏红线。

另外，为求各账户年终借方、贷方平衡起见，在“本年累计”行下应将各账户上年结转的借方（或贷方）的余额，按原来相同的方向填入借方（或贷方）栏内，并在“摘要”栏内指明“上年结转”字样，同时将本年余额按相反方向填列在下一行，（即借方余额填在贷方），并在摘要栏注明“结转下年”字样，然后再分别将借方和贷方加总填列在一行，并在“摘要”栏注明“合计”字样，此时借方、贷方金额相等。最后在合计数下端画两道通栏红线，表示借、贷方平衡和年度结束、封账。

(七) 账簿的更换与保管

1. 账簿的更换

各核算单位的总分类账簿、日记账和明细账簿，应每年更换一次。只有极少数明细账，如固定资产明细账，因变动较小，可以连续多年使用，不必每年更换。各种账簿在年终结账时，每个账户的年终余额都要直接记入下一年度启用的新账簿中，转记过程不用编制记账凭证。

2. 账簿的保管

年度终了，各种账户在结转下年，建立新账后，一般应将旧账集中统一管理。

会计账簿暂由本单位财务会计部门保管一年，期满后，由本单位财务会计部门编制移交清册交本单位档案部门保管，一般会计账簿保管期限为 30 年。

各种账簿应当按年度分类归档，编造目录，妥善保管。既保证在需要时迅速查阅，又保证各种账簿的安全和完整。保管期满后，还要按照规定的审批程序经批准后方能销毁。会计账簿是单位重要的经济资料，必须建立管理制度，妥善保管。对使用结束的账簿，必须装订成册，连续编号（订本账除外），在封面注明账簿名称、使用年度、账册页数，再加具封条并由会计主管加盖骑缝章，账簿借出时，应办理有关手续，并如期及时归还。

第三节　账务处理程序

一、概述

(一) 概念和意义

账务处理程序又称会计核算组织程序或会计核算形式，是指会计凭证、会计账簿、财务报表相结合的方式，包括账簿组织和记账程序。账簿组织是指会计凭证和会计账簿的种类、格式，会计凭证与账簿之间的联系方法；记账程序是指由填制、审核原始凭证到填制、审核记账凭证，登记日记账、明细分类账和总分类账，编制财务报表的工作程序和方法等。科学合理地选择账务处理程序的意义主要有如下几点；

（1）有利于规范会计工作，保证会计信息加工过程的严密性，提高会计信息质量；

（2）有利于保证会计记录的完整性和正确性，增强会计信息的可靠性；

（3）有利于减少不必要的会计核算环节，提高会计工作效率，保证会计信息的及时性。

（二）种类

企业常用的账务处理程序主要有记账凭证账务处理程序、汇总记账凭证账务处理程序和科目汇总表账务处理程序等。它们之间的主要区别为登记总分类账的依据和方法不同。

（1）记账凭证账务处理程序，是指对发生的经济业务，先根据原始凭证或汇总原始凭证填制记账凭证，再直接根据记账凭证登记总分类账的一种账务处理程序。

（2）汇总记账凭证账务处理程序，是指先根据原始凭证或汇总原始凭证填制记账凭证，定期根据记账凭证分类编制汇总收款凭证、汇总付款凭证和汇总转账凭证，再根据汇总记账凭证登记总分类账的一种账务处理程序。

（3）科目汇总表账务处理程序，又称记账凭证汇总表账务处理程序，是根据记账凭证定期编制科目汇总表，再根据科目汇总表登记总分类账的一种账务处理程序。

二、记账凭证账务处理程序

（一）特点

记账凭证账务处理程序的特点是直接根据记账凭证对总分类账进行逐笔登记。该账务处理程序是会计核算中最重要的账务处理程序，它既是理解账务处理的基础，也是掌握其他账务处理程序的基础。

(二) 优缺点

记账凭证账务处理程序的优点是简单明了，易于理解，总分类账可以较详细地反映交易或事项的发生情况，便于查账、对账；缺点是在业务较多的情况下，登记总分类账的工作量较大。

(三) 适用范围

该账务处理程序适用于规模较小、经济业务量较少的单位。因而，为了最大限度地克服其局限，在实务工作中，应尽量将原始凭证汇总编制汇总原始凭证，再根据汇总原始凭证编制记账凭证，从而简化总账登记的工作量。

(四) 一般步骤

记账凭证账务处理程序的一般步骤如下：

(1) 根据原始凭证填制汇总原始凭证；

(2) 根据原始凭证或汇总原始凭证填制收款凭证、付款凭证和转账凭证，也可以填制通用记账凭证；

(3) 根据收款凭证和付款凭证逐笔登记库存现金日记账和银行存款日记账；

(4) 根据原始凭证、汇总原始凭证和记账凭证，登记各种明细账；

(5) 根据记账凭证逐笔登记总分类账；

(6) 期末，将库存现金日记账、银行存款日记账和明细账的余额与有关总账的余额核对；

(7) 期末，根据总分类账和明细分类账的记录，编制账务报表。

三、汇总记账凭证账务处理程序

汇总收款凭证、汇总付款凭证和汇总转账凭证都是分别根据收款凭证、付款凭证和转账凭证进行汇总填制的。汇总的期限一般不应超过10天，每月至少汇总三次，每月填制一张，月终结算出合计数，据以登记总分类账。

（1）汇总收款凭证的编制。汇总收款凭证根据收款凭证分别填制现金汇总收款凭证和银行存款汇总收款凭证并分别与有关贷方科目相对应。

（2）汇总付款凭证的编制。汇总付款凭证根据付款凭证分别填制现金汇总付款凭证和银行存款汇总付款凭证并分别与有关借方科目相对应。

（3）汇总转账凭证的编制。根据转账凭证的每一贷方科目填制汇总转账凭证。将与其相对应的科目填制在汇总转账凭证的“借方科目”栏。为了使填制的汇总转账凭证避免漏汇或重汇，在填制转账凭证时，最好让一个贷方科目与一个借方科目相对应。

（一）特点

汇总记账凭证账务处理程序的特点是先根据记账凭证编制汇总记账凭证，再根据汇总记账凭证登记总分类账。

（二）优缺点

汇总记账凭证账务处理程序的优点是减轻了登记总分类账的工作量，而且账户对应关系没有破坏，便于查对和分析项目；缺点是当转账凭证较多时，编制汇总转账凭证的工作量较大，并且按每一贷方账户编制汇总转账凭证，不考虑交易或事项的性质，不利于会计核算的日常分工。

（三）适用范围

该账务处理程序适用于规模较大、经济业务较多的单位，特别是转账业务少，而收款、付款业务较多的单位更为适合。

（四）一般步骤

（1）根据原始凭证填制汇总原始凭证；

（2）根据原始凭证或汇总原始凭证填制收款凭证、付款凭证和转账凭证，也可以填制通用记账凭证；

(3) 根据收款凭证、付款凭证逐笔登记库存现金日记账和银行存款日记账；

(4) 根据原始凭证、汇总原始凭证和记账凭证，登记各种明细分类账；

(5) 根据各种记账凭证编制有关汇总记账凭证；

(5) 根据各种汇总记账凭证登记总分类账；

(7) 期末，将库存现金日记账、银行存款日记账和明细分类账的余额与有关总分类账的余额核对；

(8) 期末，根据总分类账和明细分类账的记录，编制财务报表。

四、科目汇总表账务处理程序

在编制科目汇总表时，首先将汇总期内各项经济业务所涉及的会计科目填在科目汇总表的“会计科目”栏内，为了便于登记总分类账，会计科目的顺序按总分类账上会计科目的先后顺序填写；其次根据汇总期内所有记账凭证，按会计科目分别加计借方发生额和贷方发生额，将其汇总数填在各相应会计科目的“借方”和“贷方”栏。按会计科目汇总后，应加总借方、贷方发生额，进行发生额的试算平衡。科目汇总表的编制时间，应根据各企业、单位业务量而定，业务较多的可以每日汇总，业务较少的可以定期汇总，但一般不得超过 10 天。在科目汇总表上，还应注明据以编制的各种记账凭证的起讫字号，以备进行检查。

(一) 特点

科目汇总表账务处理程序的特点是先将所有记账凭证汇总编制成科目汇总表，然后以科目汇总表为依据登记总分类账。总分类账可经根据每次汇总编制的科目汇总表随时进行登记，也可以在月末根据科目汇总表的借方发生额和贷方发生额的全月合计数一次登记。

(二) 优缺点

科目汇总表账务处理程序的优点是减轻了登记总分类账的工作量，

易于理解，方便学习，并可做到试算平衡；缺点是科目汇总表不能反映各个账户之间的对应关系，不利于对账目进行检查。

(三) 适用范围

该账务处理程序适用于规模大、经济业务较多的企业。

(四) 一般步骤

科目汇总表账务处理程序的一般步骤如下：

(1) 根据原始凭证填制汇总原始凭证；

(2) 根据原始凭证或汇总原始凭证填制记账凭证；

(3) 根据收款凭证、付款凭证逐笔登记库存现金日记账和银行存款日记账；

(4) 根据原始凭证、汇总原始凭证和记账凭证，登记各种明细分类账；

(5) 根据各种记账凭证编制科目汇总表，根据科目汇总表登记总分类账；

(5) 期末，将库存现金日记账、银行存款日记账和明细分类账的余额与有关总分类账的余额核对；

(7) 期末，根据总分类账和明细分类账的记录，编制财务报表。

第三章　会计信息化的发展

第一节　我国会计信息化的发展历程

一、我国会计信息化发展历程及其对会计理论的影响

（一）会计信息化的萌芽——会计电算化（1978～1998 年）

我国的大多数学者根据理论研究特点，将这一时期的会计信息化细分为两个阶段：前十年是对会计电算化理论基础的构建，包括会计电算化的内容和会计核算软件单项应用研究；后十年主要是对商品化会计核算软件整体研制、评审与推广及对会计软件市场发展的研究。

1．会计电算化的试验探索及无序发展阶段（1978～1988 年）

这一阶段，我国还处于改革开放初期，工作重点是恢复、健全会计核算制度，对计算机应用还处于起步阶段，计算机信息处理技术还比较落后，设备和人才都很缺乏，对于会计信息化的理论研究也相对较少，整个 20 世纪 80 年代十年期间相关研究文章只有 98 篇，会计信息化发展相对缓慢。这一时期的学者主要以专著的形式来研究会计信息化，代表作品主要有中国人民大学王景新教授撰写的我国第一部会计电算化专著《会计信息系统的分析与设计》以及《电子计算机在会计中的应用》。1987 年 11 月中国会计学会成立了会计电算化研究组，会计电算化的理论研究开始得到重视。

2．会计电算化的有序发展阶段（1989～1998 年）

随着会计电算化的深入开展，要求加强组织、规划、管理的呼声越

来越高，各地区、各部门也逐步开始了对会计电算化工作的组织和管理。财政部从1989年开始对会计电算化进行宏观管理，制定并颁布了一系列的管理制度，如《会计电算化管理办法》《会计电算化工作规范》等，基本上形成了会计软件市场并逐步走向成熟。20世纪90年代中后期推出“两则”“两制”及全国范围内的会计大培训及会计电算化初级上岗证的施行，使我国的会计电算化事业取得了突飞猛进的发展。

会计信息化理论研究在这一时期也得到了长足的发展。袁树民较早地阐明了电算化会计系统的设计要经过系统分析、系统设计、系统实施及系统运行与维护四个阶段的生命周期法，并指出作为一个完整的会计信息系统应该包括会计核算系统、会计管理系统和决策支持系统三个子系统。郭文东对计算机会计信息系统的人机接口设计进行了研究。葛世伦从信息系统硬件的可靠性、软件的安全性和组织管理的完备性等方面分析了会计信息系统设计的安全性因素。王景新研究了会计电算化下的内部控制内容与设计，提出了管理制度、职能分离、授权控制、时序控制、防错纠错措施、修改限制、文件属性控制、安全控制、防毒措施、管理控制、访问控制等十多项控制内容。此时广大学者已经开始对会计信息系统网络环境下的设计、应用以及内部控制进行研究，分析了我国会计软件由核算型向管理型改造的理论基础，确定了网络会计信息系统将成为今后的研究重点。

（二）会计信息化的产生及初步应用（1999～2002年）

随着市场经济的高度发展以及现代金融、证券、保险、期货等金融衍生工具的产生，企业已不再是单纯的生产经营单位，投融资和资本运作以及集团企业下的内部财务资金管理居于越来越重要的地位，并提出了企业集团财务管理的协同管理模式，“会计信息化”这一概念也孕育而生。

（三）会计信息化的推进与发展（2002年至今）

随着会计信息化软件在企业中的广泛应用，我国会计理论界也开始对会计信息化的理论进行更深入的研究。

(四) 会计信息化对会计理论与实务的影响

会计信息化随着计算机网络的快速发展孕育而生，而以网络为基础的会计信息化对传统的会计理论与实务都产生了一定的影响。首先，从会计假设上看，网络虚拟公司及临时性组织的特性，使会计主体可持续经营等会计假设受到冲击，使核算主体模糊，核算期间也只是一次性的交易；其次，网络会计中会计期间的变化，使得权责发生制失去了基础，而收付实现制更加合理；再次，会计信息化变革了账簿形式，以电子账簿取代了纸质账簿，同时，通过对数据的分组、组合，可以生成更加灵活的账簿形式；最后，会计信息化也使审计制度与审计方法发生了变革，会计信息化促进了审计工作的现代化。

二、我国会计信息化的发展现状

虽然我国会计信息化起步较晚，但由于经济的快速发展，企业管理需求的不断提高，我国的会计信息化也伴随着ERP的发展而迅速发展。我国的ERP产品，主要有两种：一种是厂商在国外ERP软件基础上结合国内企业实际情况直接开发的ERP产品；另一种是财务软件厂商在面临市场发展势头下降以寻找新增长点而转型开发的ERP产品，强调账务管理的功能。与先进的信息管理理念和信息技术相比，我国的会计信息化存在许多不足：①系统数据的集成性不高。有关调查资料表明，90％以上的大中型企业都实施了会计信息化，部门级财务软件虽然提高了财务人员的工作效率，但实际上形成了信息孤岛，并未给企业整体效益带来明显提高。②管理会计实际运用率不高。③成本管理体系缺陷突出。偏重实际成本核算，内部量本利分析不足，以凭证驱动业务流程，而不是以流程来产生凭证。④以REAL模式（实模式）为代表的新会计模式的应用还需加强。但在国内企业管理环境中，我国的会计软件也存在着一定的优势：①提供了完全满足我国政府及各级财务部门需要的财务报表。②初始设置更加简明，输入界面更符合中国财会人员的习惯。③功能稳定，基本满足了各行业会计工作的要求。

三、会计信息化的未来发展

（一）会计信息化的纵向延伸

1. 由核算型向管理型发展

管理型会计软件不仅是满足日常业务核算的要求，更重要的是满足管理者对企业生产经营活动进行管理和决策的需求。企业管理本身就是一个完整的决策过程，而在会计核算基础上添加一些查询功能、报表分析功能，虽然对管理人员进行企业管理能够起到一定的辅助决策支持作用，但只是对管理者提供了一些制定决策所需的信息；接下来怎样辅助管理者构建、制订出可行的方案，并对被选方案进行分析，保证决策的顺利执行，对决策正确与否进行评价等都没有涉及。企业的财务管理仍然是原来的事后核算，无法进行有效的事前预算和事中控制。因此，开发管理型会计软件就显得尤为重要。

2. 向开放式网络型发展

网络财务软件以整合实现企业的电子商务为目标，能够提供互联网环境下的财务模式和财务运作方式。网络会计软件是以全面会计核算和企业级财务管理为基础，实现购销存业务处理、会计核算和财务监控的一体化管理，为企业经营决策提供预测、控制和分析的手段，并能有效控制企业的成本和经营风险。

3. 将建立 ASP 商务服务

ASP（Application Service Provider，应用服务提供商）是透过因特网提供企业所需的各种应用软件服务。ASP 强调以网络软件服务为核心，替企业提供主机服务及管理和维护应用软件。企业使用这些服务，只需有终端电脑及浏览器，极大地方便了中小企业开展电子商务活动。ASP 所提供的应用环境，无需客户对服务器、软件开发以及其他资源进行先期投资，只需以租赁方式与软件商达成契约性协议，获得对软件的使用许可，企业只需支付少量成本（租金）就可进行信息化管理。

4. 向决策支持型发展

会计信息化的发展一般可分为三个层次：会计核算层，财务管理层，财务决策层，分属于事后核算，事中控制和事前预测、决策。

从目前国内会计信息系统的实际应用情况来看，会计核算系统已逐步普及，发展势头良好，财务管理系统也已逐步为用户理解和接受，而财务决策支持系统的发展尚处于初级阶段，鲜见成功实例。

（二）会计信息化的横向拓展

1. 将融入 ERP 系统中

ERP 系统是一个以销售管理为龙头，以生产和计划系统为核心，整合供应链系统和物料需求计划系统为一体的综合企业管理系统。在整个 ERP 系统中，各子系统之间是融会贯通的统一整体，会计信息系统将逐步融入其他业务管理系统中，实现会计与业务一体化，特别是凭证处理环节将可能完全被整合到其他业务管理系统中去，其原因是会计数据来源于业务管理系统，因此，业务管理系统能够产生几乎所有会计凭证。企业的财会人员也不仅是算账、查账，而将参与企业各方面的管理工作，真正实现企业资金流、物流、信息流的统一与同步。

目前，我国绝大多数企业信息化建设也不断向横向拓展和纵向延伸，在 ERP 功能的基础上，正在与供应链管理（SCM）和客户关系管理（CKM）整合，应用于 SCM 和 CRM（Customer Relationship Management，客户关系管理）中的电子商务也必将随之融入 ERP 系统，将来 ERP 系统必将成为从供应链、资源计划到客户关系的企业全方位管理信息系统。同时，ERP 还纵向由 MIS 向 DSS（Decision-making Support System，决策支持系统）层面延伸。

2. 计算机集成制造系统 CIMS（Computer Integrated Manufacturing Systems）

随着企业规模和效益的发展，在大型企业集团中，绝大多数不采用通用软件，而是结合本企业的特点，将生产工艺（生产线）上实时产生的数据立即传送到企业管理层，再转入企业决策支持层，从而使企业构成一个实用的 CIMS 信息集成系统。CIMS 是数控系统（Distributed Control System，DCS）与 ERPⅡ集成的产物。

第二节　我国企业会计信息化发展中存在的问题分析

在市场瞬息万变的形势下，企业会计信息化的应用，能为其提供及时、准确和完整的财务信息，从而提高企业管理效率和经济效益，不断提升企业在市场中的核心竞争力。我国企业会计信息化已开展多年，取得了很大的成绩，培养了一批既掌握会计学又了解计算机技术的人才，为我国信息化的发展奠定了很好的基础。但是由于种种原因，我国企业会计信息化发展的总体效果不是很理想。本节针对企业在会计信息化发展中存在的问题进行了认真分析，找出了解决对策，以此切实推进中国信息化的发展。

会计信息化是会计与信息技术的结合，指将会计信息作为管理信息资源，全面运用计算机、网络通信为主的信息技术对其进行获取、加工、传输、应用等处理，为企业经营管理、控制决策和经济运行提供充足、及时、全方位的信息。随着信息化的到来，信息、现代通信技术等资源越来越受到人们的重视。而会计作为企业管理的基础工作，将首当其冲地面临信息化问题。从企业管理信息化的发展历程来看，通过发展会计信息化建立企业信息系统，从而提高企业整体管理水平是企业建立信息化的一条捷径。近年来，一些企业的管理信息化工作在短期内都已建立了自己的信息化系统，包括 OA（Office Automation，办公自动化）、DCS（集散控制）和 ERP 系统等，但从总体来看，我国会计信息化还处在发展之中，因此，有必要研究我国企业目前会计信息化的特点，并就其发展中存在的问题提出相应的对策。

一、我国企业会计信息化的特点

(一) 信息化基础良好、基础建设扎实

我国企业，尤其是大型企业，基本上都实现了工业自动化。管理信息化在工业自动化之后出现了强劲的需求，ERP 的资源管理思想正在被广泛接受，大多数企业都自主地提出了管理信息化的实施要求。企业领导层意识到，信息化是一项长期投资，盲目建立信息化、管理不当，也会出现“黑洞”现象，因此，企业在信息化方面的投资是经过深思熟虑的，在网络、硬件、软件、实施环境方面的投资比较合理，充分体现了务实精神。企业从硬件到软件，再到运行环境，在近几年中普遍得到了很大的改善，网络的覆盖面积、宽带及安全设施都走在了前面，从而为今后的信息化发展打下了良好的基础。

(二) 企业组织规划良好、信息化分步实施

目前，我国企业基本成立了内部的信息化领导机构，绝大多数企业组织信息化建设，成立了内部的信息管理部门，配置了专业人员组织设计开发工作，部分企业还培养了自己的开发队伍，同时也引进了合作伙伴，从组织上保证了信息化工作的质量。另外，企业一般都做了自己的信息化规划及分步实施计划，规划从企业的实际出发，考虑了战略发展的要求；实施中有重点，重实效，引进了项目方法，有的还引入了信息化的监督机制，注重了培训和流程改善。

(三) 信息化理念已形成、企业对资源系统的认识趋于成熟

ERP 系统是一个闭环的系统，但其应用网络是开放的，ERP 的思想是开放的。企业在信息化的建设中充分认识到了这一点，并在实施中体现了这一理念，有的企业还提出了新的发展与完善要求，如提出了 APS（Advanced Planning and Scheduling，高级计划与排程）（ERP 的高级应用）及“动态联盟”的概念，使 ERP 向外部供应商、客户扩展。

（四）企业信息化的软件平台呈现出了多元化特征

从实施的软件来看，企业选择软件系统供应商的标准各有所异。目前，我国企业信息化采用的软件大致有以下几种。

1. 国外企业集成管理型软件

这种企业管理型软件，一般包括：财务管理、销售预测、采购与库存管理、制造控制、后勤、项目管理、交易处理、服务与维修、分销和运输等内容。其用户往往是规模较大的企业，且以企业居多。这些企业管理规范、分工明确，无论生产流程，还是核算体系都较复杂，而且数据处理量很大。目前这类软件有：SAP（德国）、SSA（美国）、JDE（美国）和 BAAN（荷兰）等。

2. 国内企业资源计划系统

这类系统适用于规模适中、很多数据最终要由财务部门处理的用户。其目的是便于管理，提高工作效率、数据的精确性和数据传输的及时性。这类用户采用的模块主要是账务处理、报表、应收、应付、工资和固定资产管理等；而对于仓库、采购、销售、成本等委托软件商或者系统集成商进行开发。这类软件有用友、万能、金算盘、金蝶等。

3. 单项管理的小型财务软件

有许多经营单位只需要单项的管理系统，如账务、工资、进销存等管理。

（五）信息化实施效果参差不齐

总体来看，我国信息化是朝着全面信息化的方向发展的，但是，由于企业信息化起步时间不同、认识不同、做法各异，我国企业也表现出了不同的信息化道路。大致有以下几种：第一种是一次到位型的，采用了国外的大型 ERP 系统，为以后的应用铺垫了可扩展的平台；第二种是自主开发的模式，投资少，见效快，还培养了自己的信息化队伍；第三种是联合开发的模式，企业提出自己的经营模式，由软件公司实现软件化。各企业的实施模式各有优势，但长期来看，自主开发及联合开发的实施模式是一条具有中国特色的 ERP 之路。

二、我国企业会计信息化发展中存在的问题

(一) 企业会计信息化工作的理念较差

一些企业把会计信息化的实施看作是纯技术问题，其实会计信息化绝不仅仅是一个纯技术问题，它涉及企业的业务流程重组，部门职责和权利的重新分工，管理制度制定、贯彻和落实。企业会计信息化是一场管理变革，不是安装了信息化系统就完事了。因此，必须体现出会计信息化的管理思想和意义。这需要企业彻底地转变思想和管理习惯，以适应软件的数据实时情况的管理。在这方面部分企业还停留在软件实施的层面上，过分重视了自动化操作，或是依赖于软件的功能，很少在实施前对企业实际进行透彻的管理分析，自主地提出流程优级化的方案。

(二) 企业整体管理水平及内控制度的严密性较差

如果说没有 ERP，企业就不可能进步、不可能发展，那只能说明 ERP 中包含一种使企业行为更加合理、更加有效的操作理念。但是 ERP 仅仅是一种管理手段，如果企业的内控制度不健全、整体管理水平低下，即便有再科学、再完备的信息管理系统也无济于事。会计信息化的真正价值在于其所依据的管理理念，而不是其所使用的计算机软件。其发挥作用的前提是它必须处在一个科学化、现代化的管理体制之中。

目前，我国正在加速进行国有大中型企业建立现代企业制度的改革，正在大范围地进行企业重组和股份制改造工作。重组改制后的企业必须建立真正意义上完善的内控制度和顺应市场的竞争机制，才有可能利用现代化的会计信息系统，把各项管理工作通过资金管理量化后，实现资源的集成管理、实行成本控制和资源的有效配置。

(三) 存在“信息孤岛”

多数企业重视财务核算，而忽视了业务核算。从信息化的层面上来说，业务管理在前，是基础，财务管理是在业务管理之上的应用，反过

来对业务起到监控和实时核算的作用，所以全面的信息化的实施结果会使企业的财务管理更为精细化。大多数企业都是走了先会计电算化，后业务信息化的道路。所以观念陈旧导致了业务与信息化的业务环节脱节，数据不能共享，财务成为信息化的新“孤岛”现象。

（四）会计信息化从业人员综合素质偏低，缺乏复合人才

目前，我国企业的会计人员很多，而且对会计业务也很精通，但是精通计算机知识的人员却不多，一部分是“半路出家”的信息化会计人员，对计算机知识了解极其有限，无法将计算机知识和会计知识有机结合起来，造成了会计信息化人员知识的不全面、不均衡、不系统。另外，一些计算机专业人员对会计知识比较贫乏，对运行会计软件过程中出现的问题不能及时解决和处理。所以，长期以来，会计信息化复合人才的缺乏一直是制约我国会计信息化发展的关键问题。虽然有不少部门组织各种培训，但由于培训时间、培训内容、单位事务及个人精力等因素的制约，会计信息化方面的人才总体素质仍然不高。

信息时代，会计信息化的应用对会计人员提出了更高的要求。既要求会计人员要掌握会计专业知识，还要掌握相关的信息技术、网络技术、计算机科学等知识，了解财务软件的使用、保养和维护。会计信息化从业人员综合素质偏低的突出表现是对财务软件的应用方法和技巧掌握得不够透彻和熟练，对软件的认识有局限性，对软件运行过程中出现的故障不能及时排除，导致系统不能正常运行。这个问题已成为企业快速实现、发展会计信息化的障碍。

（五）安全性忧虑

网络是一个开放的环境。在这个环境中一切信息在理论上都是可以被访问到的，除非它们在物理上断开链接，否则很难避免非法侵扰。因此，网络下的会计信息系统很有可能遭受非法访问甚至黑客或病毒的侵扰。这种攻击可能来自系统外部，也可能来自系统内部，而且一旦发生将造成巨大的损失。对于系统安全性的担忧也成为影响企业选择会计信息系统的因素。

三、加强我国企业会计信息化的对策

（一）政府进行有效的宏观调控

要充分利用政府职能部门的调控手段，一方面尽快建立完善的会计软件市场；另一方面要宣传信息化的理念和技术先进性及对管理的推动作用。对企业进行帮助扶持，并组织力量，进行关键技术的攻关。同时，为了我国的财务软件，开发拥有自主知识产权的管理软件，政府相关部门应对我国的会计软件行业进行适度的保护。

（二）加强会计信息化理论的研究

要加强会计信息化理论的研究，企业管理层要认识到会计信息化理论研究的重要性，要从制度、政策上给予支持；会计信息化理论研究人员要把握好理论研究的着力点，把时间和精力放到关键问题的研究上，切实加强会计信息化理论的研究。

（三）加强会计信息化的管理，完善会计信息化的配套法规

通过准则类法规对会计信息化进一步约束，使会计信息化工作走上规范化的道路。应注意数据库的加密技术，防范非法人员的入侵，设计增加在重要数据修改前的自动备份功能。严格机构和人员的管理与控制，严格系统操作环境管理和控制系统。操作过程控制必须制订一套完整且严格的操作规定来实现。操作规程应明确职责、操作程序和注意事项，并形成一套信息化系统文件。建立计算机机房管理制度，给计算机设备创造一个良好的运行环境，保护机器设备，同时防止各种非法人员进入机房，保护会计运行程序和数据的安全。

（四）处理好财务系统与 ERP 系统的关系、解决“信息孤岛”

目前，由于大多数企业都在信息化的过程中保留了或单独使用了国内的财务系统，一些业务与财务联动控制信息，一般要经过人为转换才能使数据同步或为财务所用，这样，财务的预先防范和实时监控作用没

有在ERP系统中得到体现，有悖于信息化的初衷。这类问题可能是大多存在于信息化起步早、基础环境好的企业。因此，独立使用的财务系统就有可能存在“信息孤岛”。因此，企业在会计信息化规划时就要想到财务与业务一体化，处理好财务系统与ERP系统的关系，解决“信息孤岛”现象，这是进一步深化企业信息化的关键环节。

（五）提高会计信息化从业人员素质

要提高会计信息化从业人员素质，加大对会计信息化人才的培养力度，就要针对单位会计人员的特点和工作要求，科学地确定培训内容，做到教育对象层次化，知识结构系统化，更新会计人员的知识，提高会计技能，以适应市场经济的要求。应把会计信息化列入学历培训、会计专业技术资格考试范围之内，以形成必要的外部压力。可通过建立培训中心，抓好在职会计人员的培训，保质保量培训合格人才。还可以在各财经院校开设并逐步增加会计信息化课程，保证会计信息化后继有人。同时，单位会计信息化人员要正确认识会计信息化后自己的作用和地位，敢于从实践中学习，在实践中成长，不断丰富工作经验，提高操作技巧，提高发现问题和解决问题的能力。

总之，会计信息化不仅是会计发展的必然趋势，而且也是企业生存发展的迫切要求，但是应该看到，我国企业会计信息化是一个渐进且艰难的过程，我国会计信息化的发展程度距离现代信息经济的要求还很远，企业会计信息化任重而道远，因此，这必然要求广大的会计工作者积极地适应时代的发展，更好地投入会计信息化的发展历程中。

第三节　会计信息化是社会发展的必然结果

会计是经济发展到一定阶段的产物，任何社会要发展经济，都离不开会计，经济越发展，生产力水平越高，生产规模越大，人们对生产过程和分配过程的管理要求就越高，会计也就越重要。会计正是随着社会经济的发展和科学技术的进步而不断发展变化，经历了一个由简单到复杂，由低级到高级，由不完善到逐步完善的发展过程。纵观会计发展的历史：1494 年复式簿记的出现是会计发展史上重要的里程碑，从此，会计开始以一门真正的、完整的、系统的科学而载入史册。这是会计发展史上的第一个里程碑。

18 世纪末和 19 世纪初发生了工业革命，世界的贸易中心转到了英国，给当时的资本主义国家（特别是英国）生产力带来了空前的发展。由此引起了生产组织和经营形式的重大变革，适应资本主义大企业的经营形式——“股份有限公司”出现了。

股份有限公司的基本特点是：资本的所有权和经营权相分离。作为公司外部利害关系人的所有者和公司代表的管理者，从不同角度关心企业的财务状况和经营成果，例如，要求通过会计来保护那些不参加公司管理但又关心公司管理的股东的合法权益。因此，以“自由职业”的身份出现（实际上是为公司股东服务）了“特许”或“注册”会计师协会——爱丁堡会计师协会。从此，扩大了会计的服务对象，发展了会计的核算内容，会计的作用获得了社会的承认。这可以说是会计发展史上的第二个里程碑。

到了 20 世纪 40 年代，为了应付激烈的市场竞争，企业广泛实行职能管理与行为科学管理，借以提高产品质量，降低产品成本，扩大企业利润。同时，电子计算技术被运用和推广到会计领域，引起了会计技术的彻底革命，使会计的性质、职能和作用发生了很大的变化。这时，传统的会计逐渐形成了相对独立的两个分支：“财务会计”和“管理会计”。前者主要为企业外部利害关系人提供财务信息，而后者主要帮助企业内部管理层进行经营决策。管理会计的诞生可以说是会计发展史上的第三个里程碑。

联合国研究机构提出了知识经济这个说法。按照世界经济合作与发展组织的定义：知识经济即以知识为基础的经济，是以现代科学技术为核心的，建立在知识信息的生产、存储、使用和消费之上的经济。知识经济既是一种新的经济形态，又是一个新的世界时代。知识经济对旧的经济（工业经济）是一种否定，又是一种提升。它否定了旧经济的主导地位和时代特征地位；提升了旧经济的内在素质和水平，旧的经济靠知识经济增添了新的腾飞的翅膀。知识经济的产生，高新技术的快速发展，给会计理论和模型等方面带来了一系列变革和创新。处于企业管理核心地位的会计管理逐步朝着网络化、信息化方向发展，这正是新兴的会计信息化理论产生的动力和源泉。

会计信息化是会计与信息技术的结合，是当今社会对企业财务信息管理提出的一个新要求，是企业会计顺应信息化浪潮所做出的必要举措。会计信息化是采用现代信息技术，对传统的会计模型进行重整，并在重整的现代会计基础上，建立信息技术与会计学科高度融合的、充分开放的现代会计信息系统。为企业经营管理、控制决策和经济运行提供充足、实时、全方位的信息。会计信息化能使业务处理高度自动化，信息高度共享，能够进行主动和实时报告会计信息。

会计信息化不仅仅是将计算机、网络、通信等先进的信息技术引入会计学科，与传统的会计工作相融合，在业务核算、财务处理等方面发挥作用，更代表的是一种与现代信息技术环境相适应的新的内容和理念。如会计基本理论信息化、会计实务信息化、会计教育的信息化、会计管理信息化等。

因此，我们可以毫不夸张地说会计信息化是会计发展史上的又一新的里程碑。全球信息化浪潮冲击着传统社会生活的每一个角落，信息化已成为这个时代的主旋律。会计信息化是社会经济发展的产物，是未来会计的发展方向，也是会计发展的客观规律。对于这个客观规律我们只能去适应它，研究它，更好地利用它，为当今社会发展服务。

要真正实现会计信息化，会计人才是关键。从我国会计人才供给调查报告来看，我国会计中低层人才供给十分充足，而高尖端人才却极度缺乏，供不应求。即手工记账式的人才比比皆是，而真正能够掌握现代信息技术，能够满足会计信息化需要，适应会计信息化发展的人才却非常欠缺。尽管现在有大批受过高等教育的财会专业毕业生走向社会，但据调查，大部分高校会计专业教学还没有真正按照会计信息化的要求来组织教学，无论是师资力量、培养目标定位、课程设置、实践环节、教材编写等与社会发展的现实情况都还存在着很大的差距和问题。因此，本书建议：

第一，全国相关高校会计专业的同行组织一个会计信息化研究的机构。每年至少组织召开一两次会议，对教学中存在的问题和值得总结推广的经验，进行交流。

第二，组织相关专家为更好实施会计信息化教学，对会计专业的教学大纲、课程设置、教材等进行修订和编写。

第三，加强师资培训。大力培养“双师型教师”，为教师的进修、学习创造条件，创建和谐、宽松奋发向上的学术环境，加强教师现代信息化教育理论的培养。

第四，各个高校的会计（院）系除了对在校学习的学生加强培养外，还要对在职的会计人员开展培训。因为在职会计人员的素质有待进一步提高，才能满足会计信息化发展的要求。

21 世纪将是一个信息化的社会，当今社会正在向“知识经济”时代迈进，随着经济全球化和中国特色社会主义市场经济的深入发展，以及信息技术、网络技术的快速发展和广泛应用，尤其对会计信息化提出了更高要求。在这种背景下，打造一支熟悉国际规则、掌握企业管理、信息技术和会计业务的复合型会计信息化人才队伍，显得十分急切和重要。

会计信息化代表了一种全新的会计思想与观念，是传统的会计理论和现代信息技术、网络技术等相结合的产物，是现代会计发展的必然结果。作为承担会计人才培养的教育工作者，既要看到我国会计信息化取得了长足的进步和发展，也要看到存在的问题和不足，与世界先进国家相比还有很大的差距。一定要明确自己肩上的重任，必须抓住机遇，迎接挑战，为努力推进我国会计信息化的发展做出自己应有的贡献。

第四节　会计信息化的特征及实施条件

随着市场经济体制的逐步确立，在社会经济和网络通信技术的双重推动下，会计电算化逐渐向更高级的阶段——会计信息化方向发展并成为会计工作发展的必然趋势。本节从会计信息化的含义出发，通过对会计电算化和会计信息化区别与联系的介绍，着重对会计信息化的特征以及实施条件做了分析和探讨。

一、会计信息化的内涵

会计信息系统就是通过一定的技术手段，以一定的处理模式对各种相关的会计数据进行收集、加工处理、存储、整理分析，并根据具体要求输出不同形式会计信息系统。会计信息化就是信息技术和会计信息系统融合的过程，即以计算机及网络通信技术为手段，通过建立技术与会计高度融合的开放的会计信息系统，运用会计信息处理软件对与企事业单位有关的会计信息资源进行深度开发和广泛利用，以促进企事业单位发展业务、提高经济效益，并向利益相关者提供多方位信息服务的过程。会计信息化程度主要反映在所使用的技术手段上，取决于经济业务和技术的发展，经济业务的发展导致新的业务形式和业务信息需求的变化；技术（信息技术和管理技术）的发展带来了会计目标和相应会计思想的变革。随着会计信息技术水平的不断提高，会计信息系统在逐步完善，会计信息化的程度也在不断提高。

二、会计信息化与会计电算化的区别与联系

会计学是一门以研究方法论为主的经济应用科学，而研究方法论离不开其技术手段。会计电算化旨在突出信息技术在会计中的作用，强调计算机替代手工核算的技术与方法；会计信息化在于引起人们对网络信息技术在会计中应用的重视及信息技术和会计信息系统融合程度的不断

提高。两者没有明确的划分边界，只是同一事物在不同时代的不同称谓。

(一) 信息技术与会计信息系统的融合程度不同

会计电算化是信息技术在传统会计模式下的简单应用，只是实现了会计核算环节（报账、算账等）的电子化，在其他环节仍然要依靠手工完成，是会计信息化的初级阶段。会计信息化除了必要的录入审查环节外，全部的业务流程均实现了计算机的自动化。与企事业单位相关的业务数据全部一次性录入单位数据库同时生成会计信息，并且可以按照给定的参数自动生成更具有针对性、操作性的控制和决策报告信息，实现真正意义上的人机交流。不仅如此，会计信息化系统还可以通过授权与外部系统（如证监会、银行、工商、税务、经销商等）相互沟通，进行网上结算、网上报税、网上审计等。

(二) 会计职能不同

会计电算化根据已经发生的业务将原始会计信息录入系统，由计算机进行平衡校对后记账，生成会计报表，实现了会计核算的自动化，仍然是事后核算和监督。会计信息化收集了企业内外几乎所有与之相关的业务信息，随时可以将系统产生的会计信息与相关标准信息（定额、预算、行业平均水平等）相比较，通过人机交互作用，实现了事前优化决策、事中实时监控，职能由单纯核算转变为全面管理预测决策。

(三) 在企业信息化中的地位不同、开放程度不同

会计电算化阶段，系统使用者主要是单位会计部门，其职能是完成会计日常核算的自动化，输出的会计信息具有较高的专业性和保密性，与部门外部信息隔绝，非财务人员很难知道并加以利用，处于“信息孤岛”的状态。在会计信息化高级阶段，系统几乎涵盖了与企事业单位相关的所有业务数据，单位各部门共同使用单位的同一数据仓库，所有业务信息在发生时分散录入会计信息系统并由计算机网络自动传输、实时转化，根据不同的要求直接生成会计信息或转化为控制信息、综合信

息，动态地提供给各部门及决策者使用。

（四）运用的会计模式和理论基础不同

会计电算化强调会计数据处理的规范化，要求会计信息系统的运行按照我国统一会计制度的要求规范操作，立足于财务报告的规范生成；会计信息化阶段，相关业务数据信息在发生时分散录入会计信息系统，相应的会计信息由计算机网络自动传输并计算、分析，根据不同的要求输出特定的报告，传统会计模式下的财务工作逐步消灭。

随着会计信息化程度的提高，四大基本假设会计主体、持续经营、会计期间、货币计量也受到了全方位的冲击。①随着网络通信技术的快速发展，网络电子商务已经出现，可以预见，不久的将来虚拟公司将大量存在。虚拟公司有自己的经济活动，理所当然是会计主体，但它的存在显然又有别于传统的会计主体；②虚拟公司往往是为了完成一个特定目标而出现，目标完成后随即解体，也不具备持续经营的前提；③会计信息化系统根据相关业务的发生实时输出所需要的会计信息，按项目或作业进行管理并核算，效益更直观、准确，传统会计期间的划分也许只是对外信息呈报的需要了；④各部门共同使用单位的同一数据仓库，会计信息化系统在反映货币计量信息的同时反映非货币计量信息，以多元化信息反映同一项业务的发生，货币计量假设相对弱化。

三、会计信息化的特征

会计信息化的特征显著地体现在其所应用的计算机通信技术及会计信息系统上。

（一）渐进性

会计信息化程度的提高依赖计算机及通信技术的进步，依赖于会计信息系统的逐步完善。从技术上讲，1946 年世界上第一台计算机诞生时只是简单的数值计算，今天我们可以运用计算机技术从事航天、军事等复杂问题的研究，这种进步是快速的，但也是渐进性的。从会计信息系统的角度讲，按系统论的观点，系统是一个有着特定功能的有机整体，这种功能的完善是一个漫长的过程，不可能一蹴而就。从会计信息化经历的会计核算、会计管理、会计业务一体化、全面网络会计等发展阶段可以看出信息技术与会计信息系统的融合是逐步递进的一个过程。

（二）动态性

会计信息化的动态性体现在会计信息系统自身的发展进程和会计处理对象即会计数据上。首先，从会计信息系统角度讲，随着经济及计算机通信技术的发展，会计信息系统在会计核算、会计管理、会计业务一体化、全面网络会计各阶段间，从低到高逐步进化完善，这是一个相辅相成的动态的过程；其次，从会计数据角度讲，无论是单位内部的数据（例如材料领料单、产量记录）还是单位外部的数据（例如发票、订单），无论什么时间什么地点，一旦发生，都将实时进入会计信息系统中进行分类、计算、更新、汇总、分析等一系列处理操作，以保证会计信息实时地反映单位的财务状况和经营成果。

（三）开放性

会计信息系统实时地处理随时被录入的各相关业务数据，并根据要求输出不同的报告，这决定了会计信息化的开放性。

（四）互动性

会计信息系统具备系统的一般流程：数据录入、整理、分析、储存、报告等环节，同时建立了与人进行多向多位信息交流的方式。一方面，不同的业务人员向单位同一数据库录入数据信息，系统自动转化成会计信息，不同的信息使用人输入自己不同的需求参数可以使系统输出不同要求的信息报告，获得自己所需要的信息；另一方面，信息使用人可以通过对系统的数据处理流程加以调整和改进，来满足特定的信息需求。通过会计信息系统的互动功能，系统和信息使用人同时成为信息的提供者和使用者。

（五）集成性

信息集成的目的是信息共享。与企事业单位有关的所有原始数据只要一次输入会计信息系统，就能做到分次或多次利用，在减少了数据录入工作量的同时，实现了数据的一致、准确与共享。全面实现管理、决策型网络会计是会计信息化的最终目标，突出特点是实现会计信息和业务信息的集成化。这可以从以下几个方面来说明。

第一，同一个时间点上集成三个层面的信息。首先，在会计部门内部实现会计信息和业务信息的一体化集成，即实现会计账簿各分系统之间的信息集成，协调解决会计信息真实性和相关性的矛盾；其次，在企事业单位内部实现会计信息和业务信息的集成，在两者之间实现无缝连接，真正融合在一起；再次，建立企事业单位与外部利益相关人（客户、供应商、银行、税务、财政、审计等）的信息集成。

第二，在时间链上集成与企事业单位相关的历史、目前、未来的所有信息。

第三，统一业务的多重反映。比如，固定资产折旧的计算，现行会计制度规定可以在历史成本的基础上选定一种方法，现在可以选择多种方法同时计算，作为决策的参照。

四、会计信息化实施前提与条件

（一）政府引导、规划、协调和管理

随着政治体制的改革，我国政府的主要职能已逐步转变。在信息技术逐渐发达的今天，政府必须从国民经济和社会发展的全局出发为全社会、全体企事业单位营造一个良好的社会法律、信息、教育环境，对企业信息化建设工作进行宏观规划、协调和管理。当前信息化经济是一个集供应商、生产商、营销商、客户为一体的产业链，同时和工商、银行、税务等政府机构紧密相连，客观上要求与产业链相关的各方面都实现信息化，都能在网络环境下自由完成各自的业务活动，实现各自的职能。所以只有在社会上全面、规模地实现信息化，并且政府真正起到规划、协调、管理的作用，才能真正达到会计信息化的要求。

(二) 经济及信息技术的约束

会计信息化的发展程度受所处时代经济及信息技术水平的影响和制约，并反映着一个时代经济及信息技术的发达程度。在社会的不同历史阶段，经济及信息技术的发展水平不同，对会计的影响也不相同。在我国计划经济体制下，随着计算机技术的发展，从传统会计逐步发展到会计电算化；随着市场经济体制的逐步确立，出现了会计管理软件；随着计算机网络通信技术的发展和电子商务等新经济业务形式的出现，高度会计信息化阶段正逐步走来。

(三) 现代会计信息系统的建立

会计信息系统的完善标志着信息化的发展程度，而采用何种会计软件则是信息系统完善与否的直接体现。会计信息化的成效如何，视其所用的会计软件在多大程度上提供有价值的会计信息。目前运用现代计算机及网络通信技术，围绕信息增值而设计的会计软件少之又少，所提供的能支持管理、决策的会计信息非常有限。

(四) 无纸化凭证的推行

从会计信息化的发展历程可以看出，随着信息化程度的不断提高，会计信息的数据来源将逐步无纸化——数据电子化，这是会计信息化提高的结果，也是会计信息化的必然要求。虽然这些原始电子数据必须通过人脑的会计确认才能进入会计信息系统，但在原始数据全部电子化以后，电子签名将代替手工纸质签名，原始凭证的表现形式将发生革命性的变化。另外，随着市场经济竞争的加剧，会计信息使用者对会计报表报送周期的时间要求将大大缩短甚至具有不确定性，进一步加重了会计人员对相关业务数据进入会计信息系统进行判断和选择的时间要求。

(五) 现代会计信息系统内部控制制度的制定

任何一个系统的有效运行，都需要相关控制制度的建立和完善。会计信息系统亦不例外。尽管传统会计内部控制制度在电算化阶段得到了及时的更新和完善，但网络环境比单机甚至局域网要复杂得多。会计信息系统使得相关的不同部门的不同人员在不同地点的不同微机终端上完成相关业务数据的录入并通过网络（internet）进行传输，原始凭证的表现形式电子化，业务数据的会计转化由计算机自动完成并保存。可以看出，会计信息化系统的内部控制由对人的内部控制转变为对人、机控制并重。对人的控制，我们有以前的经验可以借鉴，而网络环境下的对机控制则不同，对我们完全是一个陌生的问题，例如，交易的授权、完整性及正确性不如传统环境下那么明显，网络数据容易被截取与修改等，因而，制定严密完善的内控制度保证会计信息系统对业务活动准确、完整、及时的安全反映是会计信息化成败的关键。

（六）财务人员知识结构的更新

在会计实现信息化前，会计人员只要具有扎实的专业知识，按时保质保量地完成相关业务的会计记录和报表输出即可。而在高度的会计信息化阶段，会计人员不仅要及时地运用扎实的专业知识对进入会计信息系统的业务数据进行会计判断和选择，要利用娴熟的计算机知识（相关计算机程序和系统数据库知识）编制满足不同信息使用者的特定会计报告，更为重要的是，会计人员还要利用丰富的经济学、管理学知识解析和拓展会计信息系统输出的会计信息，为决策者提供最佳的业务预测和决策建议。所以只有财务人员的知识结构及时更新，业务素质得到提高，才能保障会计信息化的顺利实施，充分发挥会计信息化的优势。

总之，随着全球经济的进一步融合和计算机及网络通信技术的进一步提高，构建高度开放的、具有智能化、实时处理能力的会计信息系统已是会计发展的必然趋势。从 1981 年正式提出会计电算化以来，经过近几十年的努力，我国会计工作的电算化技术已经成熟，已基本具备了向更高程度的会计信息化阶段进军的条件。

第五节　会计信息化对会计理论与实务的影响

会计信息化使会计核算工作更多地利用现代信息技术高速发展的成

果，推动了会计理论与会计实务的进一步发展完善，促进了会计管理制度的改革，会计信息化对会计理论和实务必将产生深远影响。本节就网络时代会计信息化的定义、会计信息化对会计理论及实务的影响进行了分析，并在此基础上提出了相应对策。

作为国民经济信息化基础和企业信息化核心的会计信息化，将会计信息作为管理信息资源，全面运用以计算机、网络和通信为主的信息技术，为国民经济平稳运行、企业管理高效运作提供实时充足的信息。从会计电算化到会计信息化，并不是一个简单的概念变化，它更代表一种会计改革的理念和发展变化趋势。现代信息技术的革命，使会计核算工作更多地利用现代信息技术高速发展的成果，此外，它同样深刻地影响和改变着会计的基本理论体系和方法，但会计信息化和网络会计对传统会计理论体系带来冲击和影响的同时，仍须对一些基本会计理论问题加以肯定并赋予其新的含义和内容。

一、会计信息化的含义

目前在我国，会计信息化是不同于会计电算化的全新理念，如何准确把握其内涵，是目前会计界一直在探讨的课题，不同的专家学者以各种形式表达了他们的观点。会计信息化可以说是从会计电算化、会计信息系统概念的基础上派生的。

早在1999年，谢诗芬教授在《湖南财政与会计》第11期上发表《会计信息化：概念、特征和意义》一文认为："会计电算化是会计信息化的基础和前提条件，会计信息化就是利用现代信息技术、计算机、网络和通信等，对传统会计模式进行重构，并在重构的现代会计模式上通过深化开发和广泛利用会计信息资源，建立技术与会计高度融合的、开放的现代会计信息系统，以提高会计信息在优化资源配置中的有用性，促进经济发展和社会进步的过程。会计信息化是国民经济信息化和企业信息化的基础和组成部分"。该定义强调会计信息化的本质是一个过程，利用的手段是现代信息技术，其目标是建立现代会计信息系统，作用是提高会计信息的有用性。这种观点符合演绎推理的思维逻辑，先定位会计信息化的概念，然后设计其内容。而在2003年第10期《会计研究》上，杨周南教授发表的《会计管理信息化的ISCA》一文中，作者认为“会计电算化”应该改称为“会计管理信息化”，简称“会计信息化”较为确切。何日胜在《我国会计信息化问题初探》中认为，会计信息化是采用现代信息技术，对传统的会计模型进行重整，并在重整的现代会计基础上，建立信息技术与会计学科高度融合的、充分开放的现代会计信息系统。这种会计信息系统将全面运用现代信息技术，通过网络系统，使业务处理高度自动化，信息高度共享，能够进行主动和实时报告会计信息。

因此，会计界对于会计信息化概念有不同的理解。会计信息化是一个新概念，实现会计信息化，其重要的目标和根本任务在于建设能够迅速提高企业的现代管理水平、满足现代企业管理需要的新一代会计信息系统，也是将会计电算化发展为会计信息化的现实意义所在。它不仅仅是信息技术运用于会计上的结果，它更代表了一种与现代信息技术环境相适应的新的会计思想。

二、会计信息化对会计基本理论体系的影响

会计理论是由具有一定客观逻辑关系的会计理论要素组合而成的一个系统化有机整体，我国的传统会计理论体系是以会计目标为理论起点，以会计基本假设为前提和会计应用理论为内容的有机整体。会计应用理论是以基础理论为指导，运用于财务会计实践所形成的一系列方法性的理论，主要是制定和实施符合会计实务规范，是引导和制约会计工作的标准、评价会计工作的依据。传统会计应用理论主要有基本会计准则、会计信息质量和会计计量等层次。

（一）对会计目标的影响

会计目标是指在一定的社会条件下，会计工作所要达到的要求和标准，会计目标是决定会计实务发展的方向性因素，是会计最终所要达到

的目的。目标是把会计职能具体化，随着外部环境的变化，会计的目标将发生变化，会计的具体职能也将继续发展。在会计信息化时代，会计的基本目标仍然是提高经济效益，具体目标是向信息使用者提供决策有用的会计信息。财务会计报告的目标是向财务会计报告投资者、债权人、政府及其有关部门和社会公众等提供与企业财务状况、经营成果和现金流量等有关的会计信息，反映企业管理层受托责任履行情况，有助于财务会计报告使用者做出经济决策。但由于会计信息化的本质是会计与信息技术相融合的一个发展过程，因此会计信息化的目标是通过将会计学科与现代信息技术有机地融合在一起，以建立满足现代企业管理要求的会计信息系统。特别是在网络经济高速发展的今天，会计信息更容易满足公众对企业的经济信息需要，它为企业外部各方面了解其财务状况和经营成果提供信息，在信息技术例如数据库技术、人工智能技术、网络通信技术的支撑下，会计信息处理将实现自动化、网络化、系统化，甚至可以利用自身的信息通过人工智能技术使预测与决策变得更容易、更准确。然而这种发展并未改变原有目标，相反它促进了传统会计目标的实现。只有这样会计信息化才能与市场经济体制相适应，从而得到更好的发展，如果偏离其所服务的目标，那么无论多么先进的技术都无异于南辕北辙。

（二）对会计基本假设的影响

1. 对会计主体假设的影响

会计主体又称为会计实体，指会计为之服务的特定单位。在传统的工业经济时代，会计主体的范围很明晰，一般表现为独立核算企业，企业会计只核算企业范围内的经济活动，并向有关方面提供会计信息。但是在会计信息化条件下，网络技术的发展和普及不仅为会计信息的传播提供条件，而且使企业的组织形态、经营方式等方面呈现外在的不确定虚拟化状态。网络交易的发展，导致会计主体界限越来越模糊，但不论是高科技企业，还是所谓的“虚拟公司”，都离不开会计主体假设。

会计信息化则极大地拓展了会计主体的外延，各种“网络公司”处于媒体空间中。然而依据实质重于形式的原则，无论会计主体的外部表现形式和存在介质如何变化，今后会计服务的对象仍同为某一特定主体，并以其客观存在或发生的经营行为或事项作为处理会计信息的唯一依据。无论会计电算化还是网络化，只是改变了会计信息的储存介质与传输方式，因此，不可能动摇会计基本理论的根基——会计主体假设。这一实质无论是在会计主体假设的形成初期，还是在网络公司兴起的今天，都未发生改变。所以在会计信息化条件下更需要全体会计人员从本质上审视会计主体，充分挖掘假设的内涵，从思想上树立会计主体意识。

2. 对持续经营假设的影响

持续经营假设的基本含义：除非有反面例证，否则就能够认为企业的经营活动将无限地经营下去，即可以预见的将来，企业不会面临破产清算。在传统的工业经济时代，企业的大部分资产差不多都具有实物形态，而构成这些实物形态的主体通常是具有一定价值的自然资源，其中的技术因素和人工成本所占比例很小，这些有价值的资源不仅使企业有形资产在企业经营中的任何时候都具有较强的客观能力，而且可以合理预见其物理寿命。这在客观上降低了经济生活中的不确定性和风险。所以在这个意义上，尽管工业社会中企业经营仍存在经营失败的危险，但这种风险似乎并不影响人们长期持有持续经营的观念，而且也不影响以此为基础构建的会计系统所具有的理性。而信息化时代使各媒介主体的存在、发展、消失变得“扑朔迷离”，难以判断。因为“网上公司”的外部虚拟化常常掩盖了其发生真正交易或事项的行为，经营活动常呈现“短暂性”，它们适时的介入、联合、退出与转换，其网上交易的游离性和随机性难以控制。在这种经营方式下，就要求我们从市场空间的角度来确定企业的经营之间是否存在联系，必须以会计主体为基础，用发展的、联系的思想解释这种经营现象。另外从现行法律意义上理解将这类企业确定为持续经营主体，更有利于企业自身的权利实施和承担应有的义务。另一方面许多“虚拟公司”在发展中也将不断向实体企业转变，持续经营假设也不会因信息传输方式改变而有所改变，即使是所谓的网络公司也是如此。

3. 对会计分期假设的影响

会计分期是将企业不断地经营活动分割为若干个较短时期，据以结算账目和编制会计报表，提供有关财务状况、经营成果的会计信息。会计分期假设本身是对持续经营假设的一种补充。会计信息化条件下不仅使企业与外部实体之间的空间距离大大缩小，网络技术为我们随时了解企业的财务状况、经营业绩提供了可能。因此会计期间在网络环境下由于网络在线、实时反馈的功能可以进一步细分，比如一个月、一周，但不能趋向于无穷小，因为许多经济业务具有连续性和周期性，分割太细就无法反映某些业务的全貌，况且，评价一个企业的经营业绩乃至发展前景瞬时数据是没有任何意义的，另一方面执行统一的会计期间核算为国家、企业之间、社会公众提供了客观可比的标准，有利于国家加强宏观管理进行经济决策，其他利害关系人可以在相对稳定的期间了解企业的经营和效益，所以必须坚持会计分期。

4. 对货币计量假设的影响

货币计量假设是指会计主要运用货币对企业活动进行计量，并把结果加以传递的一个过程，在使用货币计量时，必须同时附带两个假设：①货币的币值不变（或稳定）；②币种的唯一性假设。在传统会计中，货币计量是会计系统产出所依据的尺度约定。随着企业经济活动的对象和范围不断向非资金领域扩展，尤其是知识资本和人力资本等新资源的产生，使许多人开始质疑货币计量，但无论何种资源的价值都必须以其能为企业带来的预期收益为衡量标准，而衡量资产价值主要依靠准确的货币计量。由于会计信息系统发展，网络突破了时间和空间的限制，使用电子货币和电子数据进行交易和记录，丰富了货币计量的形式，例如，“网上银行”，电子货币的出现可能引发货币革命与支付革命，但无论什么货币都要有计量单位，以公允地反映财务状况，反映整个企业的价值。

（三）对会计信息质量的影响

会计信息的质量特征主要包括可靠性、相关性、可理解性、可比性和及时性，直接关系到决策者的决策及其后果，从而要求会计信息必须真实有用，能够满足决策者的需要。而对会计信息质量起到修订作用的操作限制主要包括实质重于形式、重要性和谨慎性。这些质量要求与财务报告相协调，体现了会计核算的共同要求，是会计核算一般规律的概括和总结。在会计信息化条件下，会计信息系统处于企业管理的控制层，这会更有利于体现会计核算的质量要求，其不仅使会计信息的质量有所提高，而且在体现会计要素确认与计量方面有一定的突破。如及时性、可理解性所要求达到的标准在信息化条件下很容易做到。

(四) 对会计信息质量的影响

传统的工业经济时代要求企业在对会计要素进行计量时，一般应当采用历史成本进行计算，确定其金额。然而在会计信息化下的会计核算要求下，计量方法已发展成为以历史成本为主，以公允价值、市场价值、重置价值等其他计量方法为补充的相互结合的多元计量模式，使会计信息既反映历史成本，又反映现时价值。在不同的会计领域要使用不同的价值计量形式，应确立以历史成本为基础的会计报表系统和以公允价值等其他计量为依据的财务成本管理系统，使各种计量方法适应信息使用者的需要并发挥更好的作用。

三、会计信息化对会计实务的影响

(一) 对会计核算方法的影响

会计核算方法是对经济业务进行完整、连续和系统的记录和计算，为经营管理提供必要的信息所应用的方法，传统会计的核算流程一般包括设置账户、复式记账、填制和审核凭证、登记账簿、成本计算、财产清查和编制财务报表。

实现会计信息化后，会计系统将是一个实时处理、高度自动化的系统，会计处理流程将采用集成化的软件代替，可以与业务处理流程实现无缝链接和实时处理。

传统会计的核算显得纷繁复杂，使得许多企业在确定核算方法时，更注重简单、易用而忽视了科学性和合理性，而且数据在不同凭证账表中的抄写和结计造成了人工的浪费，但是在会计信息化系统中，会计核算的方法科学合理，很大程度上提高了会计资料的准确性。会计人员从繁杂、重复的会计日常事务中得到解放，科学性和合理性成为选择核算方法的主要考虑因素。而且实现会计电算化后，利用计算机可以采用手工条件不愿采用甚至无法采用的复杂、精确的计算方法，从而使会计核算工作做得更细、更深，使参与企业经营管理工作的重点更多地转向非事务性工作，如业务流程的优化、组织结构的调整，更好地发挥其参与管理的职能。

（二）对会计分析方法的影响

会计分析是企业经济活动分析的重要组成部分，是会计核算的继续和发展。会计分析是以会计核算资料为主要依据，结合统计核算、业务核算和其他有关资料，采用专门的方法，从相互联系的各项经济指标中进行分析对比，查明各单位经济活动和财务收支的执行情况和结果，客观地评价计划和预算完成或未完成的原因，肯定成绩，找出差距，总结经验教训，提出改进措施，借以改善经营管理，提高经济效益。在网络环境下，会计信息系统将采集到的数据和加工生成的会计信息存储在系统数据库中，既可以按约定的格式和内容提供会计信息，也可以由用户根据自己的信息需求，在数据库数据的基础上加工生成个性化的会计信息。

在各种信息高速发展时代，会计信息对社会经济发展和企业经济效益提高起着越来越重要的作用。现代信息技术和会计电算化能将社会经济活动的细枝末节精确地记录、保存和传播，会计人员可以通过计算机分析会计信息，从中发现企业生产经营过程中的问题，对客观经营活动进行调节、指导、控制、减少资源浪费。通过分析用户的信息需求，会计人员不但可以制定有关的信息纪律、储存、维护和报告的规则，还可以制定在信息处理过程中用到的相关模型和方法等，并将这些结果经过信息系统的处理后传递给相应的用户。

（三）对会计检查方法的影响

会计检查是指由会计人员对会计资料的合法性、合理性、真实性和准确性进行的审查和稽核。会计检查是对经济活动和财务收支所进行的一种事后监督，是会计核算和会计分析的必要补充。随着信息技术的普及网络媒体的应用，企业将利用互联网络使会计信息处理高度自动化，工作流程简化且易于管理。网络型的数据结构达到信息高度共享，冗余度降低，各管理、生产组织部门的数据信息都将通过网络直接进入会计处理系统，每个员工都可能成为会计信息的生产者和使用者，会计信息可随时监督和检查。企业领导也可以通过网络直接实现生产现场管理，对产生的问题及时发现处理。但由于会计事项由计算机按程序自动进行处理，如果系统的应用程序出错或被非法篡改，计算机只会按给定的程序以同样错误的方法处理所有的有关会计事项，系统就可能被不知不觉地嵌入非法的舞弊程序，不法分子可以利用这些舞弊程序侵吞企业的财物。系统的处理是否合规、合法、安全可靠，都与计算机系统的处理和控制功能有直接关系。会计信息系统的特点，及其固有的风险，决定了会计检查的内容要增加对计算机系统处理和控制功能的审查。在会计信息化条件下，为防范计算机舞弊，企业会计内部控制制度也要随之改变，随之建立新型的会计工作组织体系。会计人员要花费较多的时间和精力来了解和审查计算机系统的功能，以证实其处理的合法性、正确性和完整性，保证系统的安全可靠。

综上所述，会计信息化不仅改变了会计核算方式、数据储存形式、数据处理程序和方法，扩大了会计数据领域，提高了会计信息质量，而且改变了会计内部控制与检查的方法，推动了会计理论与会计实务的进一步发展完善，促进了会计管理制度的改革，是整个会计理论研究与会计实务的一次根本性变革，会计信息化对会计理论和实践必将产生深远影响。面对这种发展趋势，会计人员必须重新审视有关会计基本理论，不断挖掘新的理论内涵：会计人员必须转变观念以适应会计信息化条件的新型会计工作；会计人员必须参与到企业信息系统的建设中，并与信息人员一道完成对信息系统及其资源的管理。

第四章　会计信息质量财务报表应用

第一节　会计信息质量的影响因素与要求

一、当代会计质量特征研究的发展

（一）会计信息的特征

1. 有用会计信息的特征

财务报告最重要的目标是为企业决策提供有用信息。会计信息必须遵从相关性、可靠性、可比性和一致性。

（1）相关性

会计信息能够影响企业的决策，会计信息应当能够证实或更正使用者的预测。并且，无论该信息多么重要，相关的信息必须具有时效性。

（2）可靠性

当信息可靠时，人们才可以依赖它并能够验证它的真实性。可靠信息是不受报告人约束的客观信息。为使信息可靠，财务报表信息必须如实反映意在反映的信息。

（3）可比性

除了相关性与可靠性之外，可比性也是有用信息的重要特征之一。可比性是指一个企业的财务信息能够与相似企业的同类信息进行对比，例如对一个公司的净收益与另外一个公司的净收益进行比较。当很多财务报表放在一起时，对于审计师来说可比性尤为重要。在 GAAP（Generally Accepted Accounting Principle，一般公认会计原则）下，即使是相同经济业务也存在多种会计处理方法，因此公司必须披露它们所选择的会计方法。这样，受过专业教育的投资者可以据此调整报告金额，从而达到两家公司可比的目的。

（4）一致性

有用的会计信息必须符合一致性原则。一致性是一种使公司不同时期的财务状况或经营成果连贯和可比的会计信息质量特征。只有当公司在不同时期均使用同一种会计处理方法时，比较才有意义。只有当这两个收入是基于相同会计方法确认时，投资者才能分析收入增加的原因。如果收入增加是完全或部分由于公司更改了收入确认的会计处理方法，那么投资者会因此错误判断公司的真实业绩。财务报表使用者的决策依赖于会计准则规定的一致性要求。

2. 财务报告假设

会计核算的范围和揭示的对象是企业，而非股东。企业财务信息与其他企业或个人财务信息的差异被称为会计主体假设。它是指企业财务报表所提供的信息不包含股东个人或其他企业的财务信息。财务报表中的所有项目都用货币计量。这被称为货币计量假设。

公司至少每年编制一次财务报表。作为内部使用的财务报表，其编制次数会更加频繁。会计人员以财务报告为目的而将企业经营期限划分为有意义的若干会计期间，这被称为会计分期假设。尽管大多数公司每季度披露财务报告，但只有年度财务报告经过审计。大多数公司以日历年度作为会计年度。

会计人员假设企业在可预见的未来会持续经营，这被称为持续经营假设。在该假设下，财务报表才有意义。如果一家公司即将面临清算，财务报表上的金额将失去意义。如果一家公司停止经营，财务报表中列报清算价值才是有用的。

3. 财务报告原则

除了上述假设外，财务报告遵循下述四大基本原则。

第一个是历史成本原则。它是指资产按照购置时公司支付的初始成本予以记录。会计人员使用历史成本计价是因为它的公正性和可验证性使得会计信息更加可靠。然而，一些资产和负债却被重新估值作价并反映在财务报表中。在现实中，会出现资产最初以历史成本记录而后调整为市场价值的情况。市场价值是指在正常情况下，资产在市场中销售所得的金额。虽然历史成本原则是一项基本会计原则，但 GAAP 与 IFRS（International Financial Reporting Strandarcls，国际财务报告准则）日渐放宽了公允价值在企业财务报表中的使用范围。在这里，值得权衡的是，我们是需要可靠性强的信息（历史成本准确且有原始凭证作为依据），还是相关性高的信息（公允价值对投资者来说更加有用，但无支持凭证且不够精确）。

第二个原则是收入确认原则。GAAP 规定只有当收入实现时才能被确认。收入确认意味着收入应当被记录并反映在利润表中。只有当交易真实发生或交易过程已经完成或实质上完成时才可确认收入。销售中收到现金不是确认收入的必要条件。

费用的确认时间依据因其产生的收入的确认时间而定。只有当该费用所产生的收入被确认时，它才可被确认并反映在利润表中。这是第三个原则，被称为配比原则。配比原则是利润表编制的基础。费用与因其所产生的收入进行配比。商品销售成本就是配比原则的体现。仅是已售产品的成本才被确认为费用并记录和反映在利润表中。这笔费用与已实现销售的收入配比。未售产品的成本不是费用，直到它被销售后才能确认为费用。费用是产生销售收入发生的成本。若一项成本已经发生但并未被耗尽，那么直至使用前它将被视为一项资产。

第四个原则是充分披露原则。充分披露原则是指公司必须披露会对财务报表使用者产生影响的任何情形或事项。公司在应用该原则时需要做出诸多判断。

为了更好地理解财务报表所涵盖的信息，财务报表编制和应用仍遵循两个基本限制。这两个限制是 GAAP 规定的对财务会计进行约束或控制的财务报告的基本原则，它们分别是重要性原则与稳健性原则。

重要性是指与公司整个财务状况或经营成果相关的交易或事项的金额大小或重要性，即该事项足够重要到能够影响投资者决策。如果事项不足以重要到影响投资者决策，它就会被视为不重要。GAAP 对事项重要与否没有严格的规定。

（二）新世纪会计质量特征研究的发展

进入 21 世纪，IASB（International Accounting Standards Board，国际会计准则理事会）与 FASB（Finainancial Accounting Standards Board，财务会计准则委员会）合作进行一个联合概念框架的研究项目，目的在于制定一个单一的、完整的、高质量的、内在一致的概念框架。

1. 内容与层次都大为简化，结构更为严谨

第 8 号概念公告第 3 章是用来取代原来的第 2 号概念公告的。对比第 2 号概念公告，除第 2 号公告的背景资料之外，其他删减了 73%。而层次结构由 7 个层次也减为 3 个层次，即基本的质量特征、增进的质量特征和信息约束条件。

基本质量特征指“相关性”“重要性”与“如实反映”；增进质量特征指可比性、可稽核性、及时性与可理解性；成本与效益则是约束条件。

第 8 号概念公告第 3 章突出地说明：有用的财务信息至少具备相关性和如实反映两项基本质量特征，但若再具备可比性等四项增进质量特征，就能进一步提高（即“增进”的含义）财务报告信息的质量。这样，财务信息质量特征就显得更为严谨。

2. 几个概念的改进，使信息质量特征服从于通用财务报告的目标

第 8 号概念公告第 3 章修改了几个重要概念。

一是把过去“会计信息的质量特征”（第 2 号概念公告）修改为“有用财务信息的质量特征"，而提供对决策有用的财务信息就是第 1 章规定的通用财务报告的目标。

二是把主要质量和次要质量（原第 2 号概念公告的层次分类）改为基本质量特征与增进质量特征。

三是把基本的质量特征之一的可靠性（原第 2 号概念公告的提法）改为如实反映，使之更符合财务信息的特点。因为信息本来就是客观事物的反映。通用财务报告中的财务信息理应如实地反映一个主体客观存在的经济资源，对资源的要求权和引起两者实际变动的现实交易、事项

与情况，只有如实反映，才有可能通过财务信息确切描绘主体的经济现实。

上述三个方面概念的修改，使第 3 章财务信息质量特征更贴近财务报表目标。

对于第 8 号概念公告第 3 章，总体上也是应当肯定的，简化与严谨的统一比第 1 章更为突出，但遗憾的是在附录第 3 章的结论从基础上却明确指出：透明度（Transpareney）、高质量（High Quality）、内在一致性（Internal Consistency）、“真实与公允观点”（True and Fair View）或公允表述（Fair Presentation）与可信性（Credibility）都被排斥在第 3 章“有用财务信息的质量特征”之外。总的理由是，这些“用语”（表述）不过是基本信息质量与增进信息质量的不同表述（描绘），有些人建议用另外的标准做出信息质量咨询的决策与 FASB 不同，而 FASB 则认为自己的标准是简化、实用并容易接受的。

二、会计信息质量对投资效率的影响

（一）会计信息对投资效率影响的理论分析框架

1. 投资效率的影响因素

根据现有的投资理论，影响投资决策的主要因素归纳起来有四个：投资机会、融资成本、项目选择及预期和识别投资机会。

此后的研究逐渐放宽了这一假设，认为因资本市场存在的信息不对称导致的逆向选择问题，使企业外部融资成本高于内部融资成本，部分公司面临融资约束，从而产生投资不足，这就形成了融资约束理论。同样，因信息不对称导致的股东与经理人、债权人与股东、小股东与大股东间的代理问题，使一些对公司而言并非最有利的投资项目被选择，从而产生投资过度或投资不足，出现代理问题和产生代理成本，这就形成了投资的代理理论。另外，早期的投资理论假设投资决策者是完全理性的经济人，他们对预测投资前景和捕获投资机会上有超强的能力。实际上，投资决策者由于能力缺陷和掌握信息的不完全，往往不能正确预期和识别投资机会，从而出现投资不足或盲目投资。鉴于投资机会是客观存在的，不受投资决策的影响，所以，影响投资效率的因素就只有三个：融资成本、项目选择及预期和识别投资机会。

（1）融资成本对投资效率的影响

公司想要将识别出的投资机会变成投资，首先得为其融资。由于资本市场存在缺陷，特别是信息不对称，使得逆向选择问题时有发生，导致企业外部融资成本高于内部融资成本，部分公司面临融资约束。大量的研究成果表明，面临融资约束的公司出于较高的融资成本将放弃净现值为正的投资项目，导致投资不足。

在权益资本市场上，由于逆向选择问题，企业在权益融资过程中的权益融资成本将高于内部融资成本。具体表现是，由于经理人拥有比外部投资者更多关于企业投资项目的信息，因此，只有当企业的股价被高估时，他们才会发行股票进行融资。这将会导致两种结果：一是即使企业有良好的投资机会但缺乏资金时，经理人也不愿意通过发行股票进行融资；二是当外部投资者意识到这一点时，他们会在购买股票时索要一个更高的风险溢价，以弥补其可能遭受的损失。这两方面的结果都会导致企业因面临融资约束而产生投资不足。

在债务市场上也存在类似问题。在一个贷款人与借款人信息不对称的债务市场中，由于贷款人对借款人的资信状况、投资项目风险不甚了解，因此，其只能按市场平均利率给借款人放贷。这将使低风险项目的借款人被挤出市场，从而导致市场的平均风险增加。这时，贷款人又不得不提高放贷利率，随着放贷利率提高，整个借贷市场逐渐趋于萎缩或瓦解，产生“信贷配给”，也就是说，即使借款人愿意以市场利率对投资项目进行债务融资，也无法筹集其所需的全部资金。

（2）项目选择对投资效率的影响

若股东与债权人、股东与经理人、大股东与小股东存在代理冲突，则难以保证正确的投资项目被实施。

第一，股东与债权人代理问题对投资效率的影响。

股东与债权人代理问题最早由 Jensen 和 Meckling（1976）提出，主要源于股东与债权人的利益冲突。当企业投资项目成功时，股东得到了除债务本息外的所有收益；但当企业投资项目失败时，股东只承担有限损失（企业的组织形式一般是承担有限责任的公司制），而债权人则承担了项目失败的全部后果。因此，股东有强烈的动机实施高风险的投资项目，并从中获得较多收益，但这却是以债权人的利益损失为代价。但债权人在放贷时预期到这一点时，便会要求一个较高的回报率，导致企业的债务融资成本明显高于内部融资成本。

Myers（1977）以及 Berkovitch 和 Kim（1990）从另外一个角度对债务融资的局限进行了解释，并称之为“债务悬置效应”。他们着重分析了企业在获得债务融资以后的行为。债权人对投资的回报具有优先请求权，这一特征使得企业可能会选择那些虽然净现值为正但却不足以支付债务本息的投资项目，因为此时的投资回报将全部归债权人所有。债务悬置效应对企业投资行为的影响可以从两个方面来理解：一方面，由于在选择投资项目时面临的上述限制，所以负债率越高的公司越倾向于投资不足；另一方面，这一效应也可以解释为何许多负债率不高但同时拥有良好投资机会的公司在融资过程中不会首选债务融资。

第二，股东与经理人代理问题对投资效率的影响。

在管理者与所有者分离的现代公司组织中，作为管理者的经理人可能从自身利益最大化的动机出发，使其选择的投资项目与股东财富最大化目标并不必然一致，从而产生投资过度或投资不足。经理人的私利动机如下所示。

①建立和维持企业

由于经理人的薪酬、权利、地位、特权等都与企业规模成正比，因此，经理人有强烈的偏好扩大企业规模。Donaldson 和 Stone（1984）等人的研究表明，在假设经理人能够通过增加资本控制权获得个人收益的条件下，经理人确实有企业帝国建造的倾向，导致过度投资。但 Stein（2003）的研究却表明，经理人的这一偏好并不必然导致过度投资，也可能导致投资不足。Shleifer 和 Vishny（1989）解释了经理人倾向于投资那些净现值为负，但能增加其自身人力资本价值的项目，因为这样的项目能够提高自己的技能，降低被解职的风险。

②维持和提高职业声誉

经理人出于维持和提高自己职业声誉的考虑，会利用投资提升其在劳动力市场的价值，从而导致其在投资上的短期机会主义行为和羊群行为。

③享受舒适宁静的生活

当得不到有效激励时，经理人会倾向于维持一种“宁静的生活”，从而缺乏改变公司现状的积极性，这种“懒惰”会对投资产生两方面的影响：一是当面临是否关闭现有业绩糟糕的投资项目时，经理人可能嫌麻烦而不愿关闭，导致过度投资；二是当面临是否新上项目决策时这又可能导致投资不足。

④壕堑效应

Shleifer 和 Vishny（1989）的研究表明，经理人出于自身保护的目的，往往会偏好投资于自己比较熟悉但未必会增进股东价值的领域，即产生专用性投资。

这样做的结果表现在两方面：一是这些投资决策一旦做出，替换经理人的代价就比较高昂；二是不具备相关知识的外来人很难了解投资项目的运行情况，致使投资项目运行的透明度下降，接管经理人就变得更加困难。这些专用性投资虽然损害了股东价值，但却巩固了经理人的地位，产生“壕堑效应”。

另外，若预期经理人将浪费资金时，投资者将提高融资成本。这属于投资者与经理人代理问题导致的融资成本的提高影响投资效率的情况。总之，由于经理人和股东之间的代理问题既影响了投资项目的选择，也可能增加融资成本，从而都会降低投资效率。

第三，大股东与小股东代理问题对投资效率的影响。

尽管 Berle 和 Means（1932）认为股权高度分散是现代公司的特征之一，但最近的研究文献表明除美国和英国等少数几个国家外，世界上大部分国家的公司股权不是分散而是相当集中的。特别是在新兴市场中，所有权集中度比成熟市场更高。大股东特别是控股股东的出现给公司治理带来了新的代理问题，即大股东与小股东代理问题。大股东利用自己的控制权，侵害小股东的利益，干预公司的投资项目选择，掠夺企业的投资机会而使企业投资不足，或者迫使企业投资于净现值为负，但却有利于大股东的投资项目而使企业投资过度。在新兴市场上，由于保护小股东的相关制度体系不健全，这类代理问题影响投资效率的程度就显得尤为严重。

（3）预期和识别投资机会对投资效率的影响

早期的投资理论假设投资决策者是完全理性的经济人，他们对预测投资前景、捕获投资机会、预计投资风险和收益上有着超强的能力，在如此的假设条件下，企业的投资才完全取决于投资机会的多寡。实际上，投资决策者对投资环境的计算能力和认识能力是有限的，不可能无所不知，加上投资决策者掌握和处理信息能力的缺陷，使得他们投资决策能力较差，时常不能够正确地预期投资前景和敏锐地识别投资机会，从而导致投资不足或盲目投资。

（二）会计信息对投资效率的影响

1. 会计信息对投资效率的影响：解决逆向选择问题

无论在权益资本市场上还是债务市场上，高质量的会计信息都能有效地减少信息不对称，解决逆向选择问题，降低融资成本。特别对于那些受融资约束的公司而言，会计信息能够缓解融资约束，减少投资不足。

（1）会计信息在权益资本市场上的治理作用

第一，在权益资本市场上，高质量的会计信息能够提高公司的透明度、增强权益证券的流动性，缓解逆向选择问题，减少权益融资成本，改进投资不足。高质量的会计信息及信息披露，能够减少投资者与公司之间的信息不对称，增加企业透明度。

第二，高质量会计信息能够降低权益投资者估计权益证券预期收益的风险水平，使得其索要的回报率降低，从而降低权益融资成本。高质量的会计信息向投资者传递了公司真实的经营情况，减少了公司经营的不确定性，降低了投资者的主观预测风险，从而减少了投资者要求的回报率，降低了外部融资成本。

第三，高质量会计信息能够降低权益投资者的信息风险，减少逆向选择问题，缓解融资约束。会计信息作为投资决策最重要、最可靠的信息来源，既能够增强权益投资者获取信息的容量和能力，也能够甄别其他信息的真实性，保证交易信息的安全。在规章制度不健全的新兴资本市场（或信息披露环境较差的权益市场）中，会计信息相比其他来源的信息而言，无论从量还是从质上，都显得尤为重要。

（2）会计信息在债务市场上的治理作用

会计信息对于债权人评价公司资信状况，缓解借贷双方信息不对称，解决债务市场上的逆向选择问题，降低企业融资成本等问题都发挥着重要作用。特别对于那些受融资约束的公司而言，高质量的会计信息能够缓解或消除融资约束，减少投资不足。债务融资成本从广义的角度分有两种类型：显性成本和隐性成本。显性成本指偿付的利息和交易费用，隐性成本指债权人因信息不对称索要的风险溢价。借贷双方信息不对称越严重，隐性成本就越高。

会计信息的披露作为提高融资公司透明度、缓解借贷双方信息不对称的重要机制，随着其质量的不断提高，对于缓解或消除融资约束、提高投资效率发挥着举足轻重的作用。

2. 会计信息对投资效率的影响：治理代理问题

高质量的会计信息能够监督和约束公司经理人的私利行为，减少其偏离所有者目标的“意愿”，减少代理问题，抑制投资过度。

（1）会计信息的监督和激励作用

会计信息是股东监督经理人的重要信息来源，是债权人监控借款人必不可少的依据，也是监管机构监管股票市场，特别是监管大股东行为、保护中小投资者的重要信息。因此，如果会计信息减少了代理问题，它将有助于提高股东监督经理人、债权人监控经理人及中小股东监督大股东的能力，从而能够增进项目选择的效率和效果（或降低融资成本），提高投资效率。

另外，会计信息常被用来作为薪酬契约的衡量标准和基础，高质量的会计信息能够有效地激励公司经理人选择的“合规”投资项目，减少其偏离所有者目标的“意愿”，减少代理问题，抑制投资过度。

（2）会计信息的契约完善作用

依据契约理论，企业的本质是一个“契约联合体”，也就是说，企业是利益相关者的显性契约与隐性契约的复合体。由于未来的不确定性和缔约人的有限理性、信息的非对称、（缔约）成本限制以及第三方难以证实性，现实中的契约无法准确描述与交易有关的所有未来可能出现的状态以及每种状态下的缔约各方的权利和责任，使契约成为留有“漏洞”的不完备契约。会计信息特别是高质量会计信息的存在，能够减轻债权人与公司的债务契约、股东与经理人的薪酬契约及大股东与中小股东的各种隐性契约的不完备程度，使契约的缔结和执行成本更小，更能够约束契约缔结方的投资行为，从而达到缓解代理问题、提高投资效率的目的。

（3）会计信息的控制权优化作用

企业控制权的归属决定了企业的投资政策和投资方向，而企业控制权的确定与会计信息有着紧密的联系。会计信息影响着控制权在各个区间的配置边界，是利益相关者进行谈判和均衡利益的基础。会计信息质量越高，越能清晰地界定控制权的边界，使剩余索取权和控制权相匹配。当高质量会计信息发生变动时，预期自身产权权益将遭受损害的利益相关者就会联合起来，通过内部机制（如内部谈判、罢工等）或外部机制（如经理人市场、并购市场等），取得公司控制权，控制公司的投资决策权，防止通过投资方式来侵占其利益。会计信息能够优化公司控制权的配置，均衡利益相关者的利益，降低代理成本，规范投资行为，提高投资效率。

3．会计信息对投资效率的影响：增强投资决策能力

对投资机会的识别和对投资风险的估计是投资决策的关键，但是，由于投资决策者对投资环境的计算能力和认知能力是有限的，加之获取和处理信息能力的缺陷，使得他们的投资决策能力较差，往往不能够敏锐地识别投资机会和可靠地估计投资风险，导致盲目投资和投资不足。会计信息作为投资决策必不可少的信息来源，能够提供与投资项目预期前景、成长性、预计现金流量及波动等相关信息，对于识别投资机会和估计投资风险，起着其他信息源不可替代的作用。因此，高质量的会计信息有助于提高投资决策者预期和识别投资机会的能力，从而能够抑制盲目投资和减少投资不足，提高投资效率。

高效的投资决策依赖于对未来投资收益的精准预期，而对项目的成长性和项目产品需求的估计又决定着对投资收益的预期，也就是说，高质量的会计信息既有助于投资决策者对未来形成更精准的预期，也有助于识别更好的投资机会，因此，即使没有逆向选择问题和代理问题，会计信息也有助于提高投资效率。

三、内部控制对会计信息质量的影响

内部控制对会计信息质量起到制约、辅助的作用，其所具有的特质功能为会计信息质量提供了保障。内部控制的制约作用具体体现在两方面：第一，内部控制通过对会计记录进行分析总结能及时有效地发现其存在的质量问题；第二，内部控制对会计信息质量的监管是在满足合理合法的条件下进行的。这就使得会计核算过程在监督下完成，同时也将会计信息结果及时地反馈给使用者。内部控制对会计信息质量的辅助作用具体体现在：内部控制致力于形成良好的控制环境，为会计信息质量的发展提供相对稳定的内部控制环境。内控环境、内部控制、会计信息质量三者间为顺承关系，内控环境影响内部控制的有效性，内部控制影响财务报告的目标性和方向性，这就对会计信息质量造成影响。内部控

制和会计制度是会计信息质量的考核标准，同时也是对会计信息质量的保障，而会计信息质量则是以文字形式对内部控制成效的书面反馈。

（一）企业内部控制环境要素对会计信息质量现状的原因分析

1. 公司治理结构不完善影响会计信息质量

（1）国有股股权主体缺位

国内很多国企的改革，使得当前许多上市公司的股权结构主要以国有股为主。对国有资产的管理，其所有者表现为国家。但我国缺乏真正能保持和提高国有资产价值的专职部门，一旦企业涉及利益问题时，行政主管部门、地方政府和原国有资产管理局等机构都自称是国有股份的代表，但要对国有企业监督和决议时，又没有机构出面，这就出现了国有资产的所有者缺位，即国有股股权主体缺位。

这种国有股股权主体的缺位现象很容易导致企业缺乏对经营者的监督，企业利润效率不高，使得公司所有者对其缺乏真正意义的监督和约束作用，造成国有股股权主体实质上“虚置”问题，进而弱化了股东对经理人的约束，形成“内部人控制”现象，即经营者实际控制着企业。由于企业的经营管理者掌握着企业的会计信息系统，他们为了一己私利，可能对会计信息资料进行操纵，形成虚假的会计信息，欺骗会计信息使用者。

（2）股权过于集中

我国大多企业股权结构不够合理，过于集中。我国这种不合理的股权结构主要体现在国有企业国有股所占比例过高，个人股所占比例过低；在民营性质的企业或上市公司中，股权主要掌握在企业创始人等少数人手中，“一股独大”的现象非常严重，他们实际控制着企业。股权过于集中，可能会降低会计信息质量，具体体现在公司的控股母公司对其会计信息的操纵，控股母公司有权对会计政策进行选择，这很容易使其对上市公司的利润进行操纵，具体表现为公司的大股东占用上市公司的资金、担保和互保等。

（3）“内部人控制”现象严重

“内部人控制”是指由于两权分离（经营者和所有者的不同利益）所导致的经营者实际控制着公司的现象。在我国许多企业中，虽然设置了董事会、监事会，但董事、监事基本上形同虚设，许多企业董事会独立性不高，对管理层的监督约束不够。董事会实质上掌握在公司内部人手中。这使它在企业中已成为一个不起什么作用的机构，不能代表自己的独立意见，管理者实际控制着公司的运作中心，掌握着企业的会计信息系统。当其利益与集体利益不一致时，管理者可能会为了维护个人利益或其小众利益而破坏集体利益，对会计资料进行伪造、篡改、美化财务报表，以掩饰其不合法利益的存在。

2. 内部机构设置与权责分配不合理降低会计信息质量

目前，企业内部机制不科学，权利和责任分配不合理也会对会计信息质量产生一定影响。集权或分权把握不当以及企业组织层次过多不利于会计信息的流通。在一些过度集中管理的企业中，由于企业功能的失衡分布，较低层的人员只能被动地接受上级命令，而不是根据市场的具体情况发挥其作用。体现在财务上就是：管理层领导为了一己私利而指使下级会计人员修饰会计信息，同时下级会计人员为了保住饭碗而被动地接受命令伪造会计信息。在一些管理过度分权的企业，下层滥用权力，处于失控状态。反映在财务上就是：企业管理过度分权，下级会计人员权力过大，他们可能会为了个人利益，在不经过上级批准的情况下而私自对会计信息进行操纵，导致会计信息质量低下。

有些企业机构设置层次过多，上下沟通渠道不畅。这对会计信息的影响主要体现在：

第一，由于企业任何一个等级层次上的管理者都可能会为了利益去伪造会计信息，这样一来会计信息流通速度就会变慢，失真现象的可能性就会加大。

第二，由于组织机构臃肿，管理层次多，会计舞弊被发现的可能性就越低，再加上其造假的成本较低，这就使得企业很容易发生会计信息失真现象。

权责分配不当也会降低会计信息质量。比如，一些企业在权责分配的严格规定上缺乏书面说明，致使企业内部上下管理失衡，容易使会计人员不严格规范自己的本职工作，对信息产生的过程不够重视，容易导致会计工作出错，酿成不可挽回的后果。还有一些岗位没有做到不相容岗位的分离，使得许多会计职务交叉，会计工作难以得到保证。

3. 内部审计机构监督不力不利于会计信息质量的提高

内部审计的有效性与人员的资格权限和资源利用紧密相关，其职能是为了防止财务舞弊。但是目前我国很多企业未能做到这一点，其内部审计作用没有有效发挥，不能对会计信息起到监督作用，具体有以下两个方面表现：

(1) 一些公司领导不够重视内部审计或思想存在误区，不设置内部审计机构，从而导致内部审计缺乏，难以对财务报表起到监督作用，使得财务舞弊现象频发。

(2) 有些公司虽设立内审部门，但其专业人员普遍缺乏，不能正确判断会计信息的相关性与可靠性，其评价监督作用形同虚设，或内审部门实际上与财务部门重合，内审部门名存实亡，不能对企业的控制活动起到评价作用。这两种原因都可能导致会计信息质量低下。

4. 不科学的人力资源政策催生会计信息失真

现代企业制度中，企业的发展离不开人的“软控制”作用，人才素质的高低会影响财务人员的行为能力，容易导致会计信息失真。人才素质的低下可以归结为人力资源管理的不完善、不科学。反映到财务管理者及其会计人员上，具体体现在以下两方面：第一，管理人员任命的行政干预，会使得人力资源市场缺乏外部竞争机制。管理者的自我激励和压力相对较小，专享权利而不承担责任，导致管理当局整体素质偏低，缺乏法治观念和道德理念，这样就为其贪污公款、伪造会计报表提供了方便。第二，财务人员的薪酬、考核、晋升与奖惩制度不完善，会滋生会计造假的氛围。企业会计员工如果经常在薪酬、晋升等方面感觉低于自己的付出时，就会产生职业怠倦，没有进取心和责任感，从而竞争意识薄弱，这样就容易在日常的会计工作中频繁出错，最终导致会计信息严重失真。还有就是会计人员可能不满足自己当前的薪酬所得，就会为了追求高利润而进行会计造假，影响信息质量。这说明，企业应当优化人力资源政策，完善企业关于财务人员的薪酬、考核、晋升与奖惩制度，提高员工的职业道德素质，增强工作责任心。

5. 企业文化建设不到位滋生会计信息失真氛围

在目前的企业管理中，虽然很多企业积极塑造优秀的企业文化，但是，在塑造过程中出现了认识上的一些误区，影响到会计信息质量的发展，从而对会计信息使用者的经济决策产生了误导。原因主要体现在以下两点：

第一，企业文化建设只注重形式，脱离了企业的经营管理。一些企业在建设企业文化时，不注重企业文化的内涵，只是做一些美化公司环境、在走廊上贴一些措辞有力的口号的表面功夫，这种理解只是建设企业文化过程中微小的一部分；甚至还有些企业领导片面地认为，企业文化与企业管理关系不大，仅是一味地塑造企业精神，其实这种理解也是不全面的。因为企业管理者在管理企业时，会遵循一定的道德标准、学习一些管理哲学思想，这些标准和思想均归属于企业文化，这就说明企业文化和企业管理是紧密相连，不可分割的。

第二，还有人认为领导倡导的文化就是“企业文化”。有些企业领导以“利润文化”作为企业的文化，一切向利润看齐，缺乏诚信，授意会计人员做假账，不管他们所倡导的理念、精神、价值观等文化因素，员工对于文化没有自主选择权。这种管理风格将严重影响企业的健康发展，将不能对企业员工起到良好的导向作用。

这种对企业文化的错误理解会严重影响会计信息质量。管理人员对企业文化的错误认识，不会创造一个良好的企业文化氛围，他们往往不注重提升自己的综合素质，致使企业呈现一种不健康的状态。投射到企业财务方面，就会使企业上下级之间沟通不到位，信息反馈渠道不畅，容易造成会计人员对上级人员的误解，进而出现会计信息舞弊。一味以“利润文化”作为企业文化的企业，财务人员可能会形成一种只向利润看齐的思想，在这种思想的控制下，会使其丧失诚信意识，从而表现在会计报表中。

6. 法治教育的缺失导致会计信息质量的低下

良好的法治教育是企业持续健康发展的重要保证，但目前许多企业对法治教育不够重视，缺乏正规化与标准化，教育内容缺乏多样性与实践性，教育者素质偏低。主要反映在：①思想认识有偏差，经常性教育不足。有些企业对于法治教育工作具有错误认识，认为对员工进行严格管理就能够做到不出错，还有些企业认为基层视察只是走马观花，不善于认识法治教育中出现的深层次问题；②企业管理者和员工的学历比较低，法律知识比较匮乏，使得法治教育备课难度加大；③企业的教育形式比较传统单一，缺乏多样性和创新性。这类企业对法律教育的缺陷，将影响企业内部控制环境建设。从财务会计角度来讲，也会使得会计信息质量低下。

法治教育的缺乏对会计信息质量的影响有以下表现：很多企业管理者缺乏足够的法律意识和法治观念，为了突出企业业绩或满足个人利益，对会计人员进行“利润文化”的灌输，不顾国家的法律威严，指使会计人员进行财务作假，粉饰财务报表，用虚假的业绩来占领市场，吸引投资者；同时，企业会计人员为了达到某种私人目的，经常违反法律法规去粉饰会计报表。

（二）完善内部控制，提高会计信息质量的针对性意见

1. 构建稳定的内部控制环境

内部控制在企业管理者的认同下才能更好地将内部控制和运营管理有机结合在一起，从而形成良好的内部控制环境，进而才能有效地杜绝滥用职权，徇私舞弊现象的发生。企业管理者对内部控制的认识度并不是很高，内部控制在企业中所占的地位较低，企业的内部控制环境没有得到有效的治理和维护。

当下大多数企业的所有权和经营权处于分离的状态，加之企业内部的组织结构缺乏合理性调整，无形中加剧了内部控制环境中的权力矛盾，权利分散削弱了内部审计的核心力量，将内部审计发展与企业生产经营发展进行拆分，内部控制功能受限，不能发挥其职能作用，内部控制体系被间接分解。另外，虽然我国《会计法》规定，企业管理层要相应承担《会计法》的法律责任，但由于责任制度没有落实到个人，为其逃避法律追究提供了可能。

因此，完善内部控制规定，明令企业落实责任制，要求企业共同执行内部控制要求，从根本上推动中国企业内部控制机制的发展，促进良好的内控环境形成，就变得尤为重要。

2. 完善内部控制的风险评估体系

在市场竞争激烈的当下，加快企业市场占有率势在必行，同时企业的内部控制风险评估机制同样要跟上发展的脚步，建立科学完善的内部控制评价指标体系成为提高会计信息质量的途径之一，有效地杜绝了会计失真和账目虚假的问题。风险评估体系的完善能及时预警可能存在的财务风险，对影响财务状况的风险指标进行分析评估，通过内部控制的有效手段规避财务风险。

现代企业财务风险具体分为已知风险、可预知风险、不可预知风险三类，因此如何发现潜在风险并进行预警，如何针对可能发生的风险做出相应预案，如何在财务风险发生时进行风险嫁接合理规避风险，成为要思索的必由之路。企业自身要形成风险防范意识，在风险评估体系上投入人力、物力，对发生的商业风险案例进行总结，将经验应用于现有的财务风险体系并作用于企业的生产经营中。

3. 形成科学系统的内部会计控制体系

为了完善控制活动，实现控制结果的预期，职责划分、实物控制、业绩评价等作为控制风险活动中必不可少的辅助手段，极大地避免了会计信息失真、财务信息作假现象的发生。因此，为完善控制活动，形成科学系统的内部会计体系，企业内部要落实个人责任制，在职责划分的问题上做到分工明确，促进形成各部门、各岗位相互沟通合作，相互制约，各司其职的良好局面。其次，在满足内部会计控制规范的前提下，授权批准控制及不相容职务分离的措施。以“内部牵制”作为不相容职务分离的提出依据，因此单位在设计、建立内控制度时，首先应确定哪些岗位是不相容的；其次要明确规定各个机构和岗位的职责权限，使不相容岗位和职务之间能够相互监督、相互制约，形成有效的制衡机制。对于授权批准控制的措施，企业应明确办理，从而极大地杜绝滥用职权、徇私舞弊现象的发生；满足各部门之间相互控制的要求，建立部门上下级之间彼此监督、互相牵制的科学系统的内部控制体系。

4. 升级改良现有的信息沟通系统

企业的信息沟通系统对于企业的正常运营工作而言起到了统筹全局的作用，企业的内部控制效果信息与沟通可以称为整个内部控制的生命线。企业的信息沟通系统作为企业管理者和员工间的中间载体，发挥着重要的作用。对于管理者而言，企业的信息沟通系统有利于及时传达上层决策；对于员工而言，企业的信息沟通是员工向领导反馈企业运行过程中存在的问题的有效途径，有助于企业的管理者及时的发现问题并提出解决办法，保障企业的正常运营。同时信息沟通的时效性和准确性为管理层在重大生产经营决策问题上提供了参考依据，在一定程度上避免了决策上的失误。其次，高效率的信息沟通系统有助于企业所有者及时了解掌握企业阶段性的运营状况，提供准确真实权威的会计信息。另外，企业自身可以丰富现有的沟通方式，拓宽沟通渠道，实现信息沟通传输的多样化，保证黄金信息的有效传达，使得企业把握市场走向，及时调整产业结构，满足市场需求，实现利润最大化的目标。因此，企业的信息沟通是控制执行效果中不可或缺的重要环节。

5. 健全现有的监控体系

随着经济的发展，企业间的市场竞争愈演愈烈，拓展市场，提高市场占有率，成为企业发展的主要目标。企业侧重经济利益的增长，对可能存在的市场风险和财务风险没有足够的重视，从而为企业发展埋下了安全隐患。健全当下监控体系主要从两个方面入手：第一，充分调动企业监事会的工作职能。企业对财务信息的监控是以监事会和内部审计监控为主的监控体系。监事会通过对企业的业务、财务和其他会计的监控资料，将内部审查结果及时反馈给股东大会，可以制止损害公司利益的行为发生。监事会对企业内部的财务薄弱环节较为了解，能针对可能出现的财务风险对症下药。因此，相对健全的监事会不仅能极大地减少管理当局的会计失真和账目作假现象，而且能与企业内部的风险防御机制进行互补，保证企业的财务安全，提高资金利用率。第二，企业要发挥内部审计部门的重要作用。内部审计部门的职责是在所有权和经营权分离的背景下，辅助企业董事会对管理层的任务履行情况和工作进度进行报告和反馈，督促企业管理层履行责任并对其进行监督和制约，防止滥用、背离公司盈利目标的不良事件的发生。因此，重视企业内部审计机制的发展和应用，保证内部审计的独立性和权威性，有利于实现审计结果立足于可靠真实的企业财务资料，督促企业资产运用率的提高。企业监事会和内部审计的发展促进了会计信息质量的提高，提高了经营效率，有助于提高会计信息质量。

第二节　财务报表的项目影响与报告改进

一、应计项目和递延项目对财务报表的影响

（一）应计项目的概念

应计项目，又称应计未付项目，是指企业在生产经营和利润分配过程中已经计提而尚未以货币支付的各项目，主要包括应付工资、应付利息、应付职工福利费、应交税金、应付利润或应付红利等。

企业在生产经营活动时，动用了劳力、资金，并产生了应该上交的税金，但是工资发放、利息支付日期和税金上交日期与资源的使用不在同一时间，往往要滞后一段时期，因此在企业的资产负债表上就相应地

出现了应付工资、应计利息和应交税金等科目。应计项目随企业业务量扩大而相应增加，是一项自发生成的资金来源，这种资金的使用不用支付利息，因此应计项目是一种无成本的资金来源。企业应尽可能地多利用这种资金来源。但由于工资总额、工资支付时间是由外界经济环境和企业惯例决定的，税金支付日期是由法律规定的，因此除了扩大业务量外，企业极少有机会能自主扩大这部分资金来源。

由此可见，应计项目的数额多少与企业的生产经营规模是密切联系的。规模越大，相应地可以利用的资金也就越多。企业在安排短期筹资时，应认真测算应计项目所导致的可能免费使用的资金数额，然后再考虑其他筹资方式的采用程度。由于企业总是会比较稳定地发生一些应计项目，并有一定数额的资金可供利用，因此，应计项目往往被称为定额负债，甚至被视同为自有资金。

(二) 递延项目的概念

递延项目是指一项已支付的费用或一项已收取的收入的延期确认。

递延费用，特别是能在短期内产生收益的递延费用，在资产负债表中作为流动资产列示，名称叫作预付费用。而可以记入若干经营年度的长期预付款则作为递延借项列示在资产负债表中。

递延收入可以在资产负债表中作为一项流动资产列示，名称叫作未赚取收入或者预收收入。如果涉及的时间较长，则作为递延贷项列示。

二、现行财务报告的改进

现行财务报告体系模式产生于工业经济时代，而当今信息技术革命和经济全球化推动了知识经济的产生与发展。在知识经济时代使用者在进行决策时对信息的依赖性更强。面对社会经济环境的变迁和使用者信息需求的提高，现行财务报告体系的局限性表现得越来越突出。

(一) 现行财务报告模式的主要缺陷

1. 通用财务报告难以满足不同信息使用者的信息需求

现行财务报告是通用的，它假定能够满足所有使用者的信息需求，但不同使用者所需的信息各不相同，通用财务报告显然难以同时满足所有使用者的需求。事实上，现行财务报告在形式和内容上都以股东为主要服务对象，它在客观上忽视了企业对其他相关利益集团（如职工、债权人、政府、社会等）所承担的责任，也就很少披露他们所关心的信息。即使是具有相同信息需求的使用者，其信息使用方式也有所差别。有的使用者偏好综合信息，有的使用者习惯于明细信息，有的则倾向于定性信息，有的倾向于定量信息。此外，通用财务报表主要针对具有平均理解能力的（投资者）使用者，这种导向忽视了信息媒介和投资媒介在竞争型市场上的作用，并限制了财务报表对外信息功能的扩大和深化。因此，通用财务报告难于满足使用者的全部信息需要，只能满足其共同的或类似的信息需求。

2．财务会计信息的及时性不足

及时性是财务会计信息的灵魂。随着生产周期的缩短，经济活动风险的加剧，目前的年度财务报告和季度会计报表体系已不能适应投资者的信息需求了。现行财务报告模式下披露的会计信息，由于会计处理程序和传递渠道的限制，其披露的及时性不够，使得财务报告在公布之前，其信息内涵就已“清空”，这导致会计信息的相关性下降，也使会计信息系统在与其他“信息源”的竞争中处于劣势。为此，必须利用信息技术的便利，在符合成本效益原则的前提下，采取可能的措施，如借助于XBRL语言（extensible Business Reporting Language，可扩展商业报告语言），利用互联网来披露会计信息，提高财务报告信息的及时性等。

3．以提供历史信息为主，导致相关性较低

现行财务报告以过去交易或事项为基础、以历史成本为重要计量属性，所提供的信息主要是面向过去的历史信息，从而导致信息的相关性较低。

现行财务报告基于历史成本原则的运用，只能提供已经发生或已经执行的交易或事项的信息。然而，使用者的决策总是面向未来，即要求提供面向未来的预测性信息，投资者及债权人等信息使用者只有能够预测其投资决策的金额、时间及不确定性，才能做出合理的经济决策。现行财务报告只能提供在权责发生制下、基于历史成本的财务信息。在经济环境变化不显著时，人们可以简单地利用反映企业过去经营成果及其行为的财务信息去预测企业的未来；但在知识经济环境下，竞争加剧、企业面临的不确定性加大，人们难以直接利用过去的信息去推断未来。因此，现行财务报告只提供面向过去的信息而不能提供未来的信息，因此其相关性较低。

4. 忽视非货币性信息和非财务信息的提供

货币计量假设要求会计必须将所要披露的信息予以货币度量，而实际上影响企业财务状况和经营成果的所有因素并非都可以用货币予以客观的计量。因此现行财务报告在面临难以用货币计量，但对使用者有用的信息如人力资源、企业的社会声誉、管理人员水平、新产品开发能力、企业供货和销货渠道、市场营销能力等时，只有两种选择：①将难以货币化的因素勉强予以量化，这将会降低信息的可靠性；②放弃不能或难以量化的因素，这将会降低信息的相关性。现行财务报告基于谨慎性原则的运用，很显然是选择了后者，将难以货币化的因素排斥在财务报表之外。尽管这些信息不能用货币计量或用货币计量不可靠，但我们必须意识到，定性信息的相关性未必比定量信息逊色，非货币信息未必不比货币性信息重要，能用货币计量的信息可靠性并不是绝对的。

5. 财务报告的技术性削弱了信息的有用性

财务报表项目的分类、汇总与排列，本来是为了更有效地实现其沟通职能，让使用者能理解明白，然而它们逐渐演变成纯技术手段，以致只有精通会计与报表规则的使用者才能理解财务报表所提供的信息。同时，许多会计数据正是在分类、汇总、确认和计量过程中丧失了其本身的含义，从而会削弱财务报告信息的有用性。

（二）对现行财务报告改进的努力

对财务报告的改进首先是从对财务报表的改进开始的，而财务报表的改进主要包括两个方面：一是业绩报告的扩展；二是财务报表结构的改进。另外，对财务报告可理解性的提高也提出了相关的建议。

1. 业绩报告的扩展

以历史成本原则、收入实现原则、配比原则和谨慎性原则为基础的收益确定模式，决定了收益表具有不可克服的缺陷：①由于收益表体现了非常狭隘的经营成果观，它只是反映已经实现的收益，排斥或忽视了其他未实现的价值增值，使得当期收益报告不够全面，没有提供对使用者进行经济决策有用的全部信息；②价值增值在产生时不予报告，而推迟到实现时再予报告，这会导致收益确定存在潜在的时间误差，即价值增值发生在某一会计期间而收益列报却在另一个会计期间，这将严重损害收益报告的及时性，降低收益信息的性质；③对于已经发生的价值增值不予报告，为管理当局操纵收益敞开方便之门。收益操纵的一种典型方式是“利得交易”，即对于已经出现的利得和损失，管理当局通过选择其实现的时间和金额来控制报告期间的净收益。例如，企业管理当局为了提高本期报告收益，将现行价值或公允价值超过购买成本的证券先行出售，以确认出售利得，而将现行价值或公允价值低于购买成本的证券继续持有，以避免确认出售损失，而导致利得交易的根本原因就在于收益表不报告未实现的收益（利得）。最终，使得未实现收益（利得）成为所谓的“收益储存器”，允许管理当局根据需要随意操纵报告收益。

因来自会计学术界和使用者的巨大压力，西方国家的准则制定机构，致力于对传统的收益表进行改进，制定了相应的会计准则，要求企业报告提供更为全面的财务业绩信息。

2. 财务报表结构的改进

1994 年，AICPA（American Institute of Certified Public Accountants，美国注册会计师协会）发表了一份题为《改进企业报告：着眼于用户》的研究报告，在肯定现行财务报表的基础上，提出了财务报表结构改革的建议，即将财务报表信息划分为“核心信息”与“非核心信息”。前者为企业核心活动，即主要的、正常和持续经营的业务所形成；后者则为企业非核心活动，即次要的、非正常和不再持续经营的业务所形成。为此，公司应在资产负债表分核心活动的资产与负债、非核心活动的资产与负债；在收益表中区分核心活动盈利、非核心活动盈利；现金流量表中区分核心活动现金流量、非核心活动现金流量。AICPA 的新模式还要求计量每股核心盈利和每股净收益，并相应地计算每股现金流量。区分核心活动与非核心活动，既要在表内反映，又要在报表附注中用详细的标题或文字说明。这样能向用户提供更加有用的、可比的核心活动信息，准确表达公司的核心竞争力，此外，对资产负债表项目排列顺序也在进行改革。现行资产负债表报表项目是按项目的流动性强弱顺序排列的，流动资产列于固定资产之前，固定资产列于无形资产之前。而对资产负债表报表项目排列顺序改革的基本趋势是以重要性大小排列。国际会计准则委员会筹划小组于 1995 年 3 月公布的《财务报表编制》的原则说明书中，将资产负债表报表项目排列改为：无形资产列于固定资产之前，固定资产列于流动资产之前。

3. 财务报告的可理解性

会计信息的首要质量特征是决策有用性，信息要具备决策有用性，在用户层面上须具备可理解性，在决策层面上须具备可靠性和相关性。如何提高年度报告对于非专业投资者的可理解水平，是公司报告实务中一个亟待解决的问题。

非专业人士理解年报的最大障碍是年报的专业性过强，会计术语过多。要提高年报的可理解性，行之有效的办法不是从“专业化”的极端走向“通俗化”的极端，而是应采取多种形式，在专业化年报的基础上，根据不同专业层次投资者的实际情况，对年报的专业性水平进行重新设计和调整。具体来说，可以考虑以下两种方式。

（1）提供专业化年报，对其中的会计术语加注解释

专业化的年报，能够在最大程度上保证信息含量及其准确性，需要考虑的只是要在信息的可理解性方面加以补偿。对年报中的会计术语进行定义和解释，可以大大降低年报对于非专业投资者的理解难度。具体来说，可以将全部会计术语分为三类：第一类是人们在日常生活中经常会遇到的会计术语，如收入、费用等；第二类是人们在日常生活中不经常遇到的，但多数成年人能够从字面上大致了解的会计术语，如累计折旧、无形资产等；第三类是日常生活中极少出现，单纯从字面上无法了解其含义的会计术语，如公积金、递延款项、流动比率等。如果建立起

会计术语的理解难度分类词汇表，我们就可以在年报中更准确地把握会计术语的运用；凡是属于最高等级的会计术语均应在年报末尾提供解释，并且在解释过程中不能再出现同类别的术语，只使用非会计术语或低等级的会计术语，这样既不影响年报在表达上的准确性和严肃性，又极大地方便了非专业人士对年报信息的利用。

(2) 以专业化年报为蓝本，同时提供专业化和简化年报

为了解决投资者理解能力与鉴别报告难度的矛盾，我们可以将所有的投资者按照专业水平分为若干层次，建立一个多层次的年度报告体系。这种多层次的报告体系可以同时兼顾信息的准确性和可理解性。高度专业化的年报全文是构成公司多层次年报体系的基础。在年报全文的基础上，可以考虑采用对应于各专业水平人群的多层次简化年报。简化报告的基本思路是：缩减理解难度最大的内容和与投资决策并不相关的内容，突出重点信息。

(三) 未来财务报告的发展趋势

企业财务报告的未来发展趋势主要集中体现在以下十一个方面：①从单一报表体系向多元报表体系转变；②从重可靠性到可靠性与相关性并重；③从重历史成本到历史成本与公允价值并重；④从主体信息到主体与关联方信息并重；⑤从有形资源到有形与技术资源并重；⑥从表式信息到表式信息与图像化信息并重；⑦从货币计量到货币与非货币计量并重；⑧从绝对值信息披露到绝对值与相对值披露并重；⑨从事后信息披露到事后与事前信息披露并重；⑩从年度信息披露到年度与日常信息披露并重；⑪从财务信息披露到财务信息与非财务信息披露并重。

1. 未来财务报告的目标

未来财务报告目标依然是为利益相关者的决策提供快捷、灵敏的财务信息，并提供有关现金流量的数额、时间分布及不确定性的信息。财务信息的质量特征仍然要坚持可靠性、相关性、及时性与可比性，尤其在可靠性与相关性的权衡中更偏向于相关性，当然历史信息要满足可靠性，同时这也是相关性的基础；未来预测（事前）信息满足相关性，强

调对预测信息的规范，尽可能提高预测信息的可信度和可靠性。

2. 未来财务报告的内容

为了实现财务报告的目标，未来财务报告的内容将更加复杂与丰富，并随会计环境的变化与要求而不断创新。

（1）坚持财务信息的核心地位，通过非财务信息提升财务信息的价值

企业的信息由企业内各子系统生成与发布，例如统计信息系统、技术信息系统、物流信息系统等。现行在财务报表附注中以及其他财务报告中纳入了大量的非财务信息，财务报告是会计人员与其他有关人员合作的成果，财务报告中的许多内容是非会计性质的事项，财务报告只是公司报告的一个主要部分。可以预见未来的会计应在拓展财务信息的深度与广度上下功夫，并将非财务信息作为增加财务信息的价值服务，随着计量技术的进步，非货币计量的信息将能以货币计量。

（2）历史成本与公允价值计量并行

公允价值目前已得到承认和运用，国际会计准则委员会在现行会计准则中，已经普遍使用公允价值概念；我国在 2014 年修订的会计准则中特别强调了公允价值的运用。我们相信，在未来财务报告中，能用历史成本计价但不失可靠性与相关性的信息仍占一席之地；用历史成本计价既失可靠性又失相关性的信息，肯定要被公允价值计量属性所取代；用历史成本计价虽具可靠性但相关性不足的信息，则可用公允价值计量的信息作为补充信息提供；公允价值计量的信息既可靠又相关时，公允价值将取代历史成本。

（3）无形资产和人力资产将成为未来财务报告的重心

随着知识经济时代的到来，无形资产和人力资产在企业总资产中的比重大大提高，有形资产的比重则相应地大大下降，会计必然要转向对无形资产和人力资产的确认、计量、记录和报告，以增强会计信息的有用性，而必须实现财务报告重心的转移，及时准确地报告企业无形资产和人力资产的价值，着重解决无形资产和人力资产的确认和计量问题，

将无形资产和人力资产纳入财务报告的范畴。

（4）增加相对值信息，提高财务信息的可比性

在近几十年的财务信息披露发展的历程中我们已经看到，越来越多的证券监管机构已要求提供更多的、能够直接用于投资决策评价的相对值信息，如一些重要的财务比率（每股盈利、资产报酬率、股东权益报酬率等）。随着财务信息决策用途的增强，以相对值信息披露的方式会演变为未来财务报表发展的主流，从而形成绝对值信息与相对值信息并存的格局。

（5）未来财务报告的时效

随着财务信息决策用途的增强和信息技术的高速发展，基于会计分期假设的定期报告将受到挑战。年度信息披露与投资决策对信息的及时性提出更高要求，信息技术发展，使信息生产成本大幅度下降，财务信息日常披露甚至进行实时报告成为可能。“同步财务报告系统”或“全天候财务报告系统”将成为常态。

3．未来财务报告的灵活性

现行通用目的的财务报告，不能适应信息使用者的多样化的信息需求，未来的财务报告将会呈现出多元化的报告模式。

（1）多栏式报告模式

将同一经济业务按多种会计方法处理得到不同的信息在财务报告中予以披露，使会计信息从单一化走向多元化，满足不同信息使用者的特别需求。

（2）交互式按需报告模式

允许报告单位与信息使用者双向、直接、快速沟通，共同完成实时报告，从而比传统报告模式更好地满足使用者的多样化信息需求，进而减轻信息不对称，提高资本市场效率。

（3）差别报告模式

为不同使用者提供在内容和时间上有差别的财务报告。信息使用者的信息需求和获取信息的途径或方式不相同，某些特定使用者不满足通

用财务报告，企业可以有选择地、有重点地对外披露某些使用者特殊需要的信息。例如，主要债权人收到的信息比一般股东更为详细和及时，债券评估机构收到的信息也应比年度报告更为详细等。通过差别报告，企业既可满足特定使用者及其集团的特殊信息需要，又可避免因广泛对外披露而对企业产生不利影响。

（4）事项会计模式

在事项法下，企业向投资者传递的企业经营情况的资料，不再拘泥于价值或净收益，也不再通过现在的三张报表——资产负债表、利润表和现金流量表来提供。平时借助于发达的通信技术，将企业进行经济活动的有关情况归类，通过一种“经营事项表”的形式，实时传递给投资者，实现及时性。若有必要，可以进行提示性的结构排列，以便投资者在进行决策时，具有更大的价值。按照事项法，会计人员可以在很大程度上从传统的、复杂的记账、算账和报账工作中摆脱出来，着力于对经营活动进行各种预测、分析，更好地发挥参与决策的作用。

4. 未来财务报告的方式

未来财务报告在信息载体、传递方式、表述方式（格式）等方面都将与传统方式有极大的不同。随着信息技术的应用与提高，未来会取消纸质财务报告的印刷与传递，而是在网上发布信息。在信息的表述方式上，不再限于文字与表格方式，而是更多地运用图形与音像方式恰如其分地表达信息内涵，做到图文并茂，声像俱全，使信息的表达更形象、直观，更易于被使用者接受和理解。因此，未来财务报告应是在网络上传输的、表式信息与音像化信息相结合的，更为简明易懂的一种实时报告。

第三节　正确运用财务报表分析评估企业业绩

一、财务信息的横向分析和纵向分析的正确运用

会计信息是投资者评估企业业绩时使用的财务信息的重要组成部

分。编制财务报表的人员和独立审计师能为投资者提供可靠的财务信息。但是，当企业出现差错后，可能需要进行盈余重述。

(一) 进一步探究利润表

在财务报表上有很容易就能看出的信息，也有很难看出的信息。透过数字大小和来源挖掘数字深层次的含义是很重要的。

在开始具体分析财务报表之前，我们需要更进一步探究利润表的一些特征。因为盈余、净收益是财务报告的焦点，现有和潜在的投资者将会如何解读公司每季度的盈余公告是公司必须关注的问题。指控公司操纵盈余从而使盈余看起来比实际值更高的现象屡见不鲜。在努力使盈余的构成清晰且向财务报表使用者提供其应该代表的信息的过程中，财务会计准则委员会要求这两个项目必须与企业正常盈余分开列示。单独列示这两个项目的主要原因在于它们不是企业持续性盈余的一部分。报告的盈余是一个用来预测未来盈余的金额，但是下面两个项目预计不会在未来重复出现：①终止经营；②非常项目。

1. 终止经营

企业经常会评估各部门对企业利润的贡献。如果一个部门不盈利或不再适应企业的战略，企业可能会出售它来保持盈利或改变企业的重心。被终止经营的公司组成部分被称为终止经营（discontinued operations)。

在 GAAP 和 IFRS 下，当企业终止经营部门时，其所涉及的财务问题会与企业的正常经营分开列示。为什么分开列示是有用的？因为盈余是一个重要的数字，可以用来评估公司业绩和预测未来业绩。为使评估和预测更有意义，一次性经济业务应该与重复性经济业务分开。分开列示允许投资者把一次性经济业务看成企业正常经营的例外。除了处置利得或损失外，会计期间内终止经营的盈余或亏损也必须单独列示。这些项目的税收影响在每个项目中单独列示，而不是包含在公司其他部分的所得税中，这种列示被称为“扣除税款净额”。

2. 非常项目

前面介绍了会计人员在利润表上单独披露的第一个项目——终止经营的影响。第二个项目是本质上非正常且不经常发生的事项的财务影响。此类事项的财务影响在 GAAP 下被称为非常项（extraordinary item）。IFRS 不允许列示非常项目。要满足非常标准，事项必须不正常，而且必须在可预见的未来不能合理预测其发生。决定事项是否能被认为是非常的需要很多职业判断。能判断为属于不经常发生的例子包括：火山爆发，国外经营被外国政府收购，遵守新法律法规带来的一次性成本。每种情境都是独特的而且必须考虑企业运营的环境。注意非常项目的所得税税收影响也是与企业其他部分的所得税分开报告的。

(二) 财务信息的横向分析和纵向分析

1. 横向分析

横向分析（horizontal analysis）是从不同时期评价企业财务报表项目的方法。横向分析的目的是用百分比而不是金额来表达财务报表项目的变化。通过横向分析，而不只是简单地观察初始数字，财务报表使用者更容易发现金额背后的变化趋势。

2. 纵向分析

纵向分析（vertical analysis）和横向分析很相似，但是纵向分析只包括一年的财务报表项目，财务报表上的每个项目均以它占某一选定基准金额的百分比列示，这也被称为财务报表共同比（common－sizing）。例如，对资产负债表进行纵向分析，就会把表中的每一个金额都转化成它占总资产的百分比。对于利润表的纵向分析，销售收入通常被用作基准金额，因为几乎所有的企业开支都依赖于销售收入水平，报表上的每一个账户都用占销售收入的百分比表示。此种类型的分析能指出成本过大或无明显理由而增长的地方。

二、财务比率分析的运用研究

财务比率是财务报表上不同金额间的比较。比率分析是通过使用财务报表信息来产生能衡量公司财务状况的特定值。

(一) 比率的四大类型

有四大类比率，都以它们试图衡量的对象来命名。

1. 流动性比率 (liquidity ratios)

这些比率衡量公司偿还短期债务和经营成本下个会计年度到期的债务的能力。

2. 偿债能力比率 (solvency ratios)

这些比率衡量公司偿还长期债务，例如长期负债（银行借款）以及长期存续的能力。

3. 盈利能力比率 (profitability ratios)

这些比率衡量公司经营或盈利状况。经营的目标是盈利，所以这类比率检查公司达到此目标的程度。

4. 市场指标 (market indicators)

这些比率将公司股票的现行市场价格和收益或股利相联系。

(二) 包含现金流量的流动性比率

流动比率（流动资产除以流动负债）是衡量流动性最常用的比率。这里介绍的新的流动性比率以现金流量表中的经营活动产生的现金净额为分子，以流动负债平均余额为分母。这个比率具体来说就是直接由企业经营中产生的现金金额除以要支付的流动负债，被称作经营活动产生的现金对流动负债比率（cash from operations to current liabilities ratio）。

(三) 市场指标

股票市价是投资者愿意支付的股票价格。使用股票每股现行市价的两个比率可以用来帮助潜在的投资者预测购买股票可能赚取的收益。其中一个比率是市盈率（Price－earnings ratio）。这个比率根据它的名字来定义，即每股股票价格除以公司现在的每股收益。

投资者和财务分析师相信市盈率表明未来盈余潜力，高市盈率表明公司大，幅增长，潜力大。当一个新成立的公司还没有盈余时，市盈率没有意义，因为分子是零。但是亚马逊在开始的几年没有盈余，但是股价上涨。因此，分析师对市盈率所包含的信息意见不一致。

另一个市场指标是股利收益率（dividend yield ratio）。这个比率等于每股股利除以每股市价。投资者预测股价会上涨时愿意接受低股利收益，但是，发展潜力低的股票可能需要提供更高的股利收益来吸引投资者。

(四) 理解比率

比率本身不会提供太多信息。要想有用，比率必须与以前年度的同一比率、同一行业其他公司的比率，或者行业平均值进行比较。除每股收益之外，对于特定比率的计算，公司之间会有所不同。计算比率没有标准和固定的公式。一家公司可能会用负债比股东权益计算负债率，而另一家公司可能会用负债比负债与股东权益之和计算负债率，一个分析师可以创造任何他认为对分析公司财务报表有用的比率。

第五章　互联网时代会计的创新工作

如今，我们已经进入互联网时代，从电子管到晶体管，再到集成电路、大规模集成电路，在摩尔定律的牵引下，IT 互联网技术跨过了半个多世纪的发展。其中，真正影响全球进入全面产业化，是从个人计算机开始的，这也开启了 IT 互联网领域第一个真正的时代——PC 时代。在 PC 发展的同时，互联网开始萌芽，并迅速席卷全球，各行业领域和人们的生活娱乐方式再次发生巨变。互联网正在改变着我们的生活，我们更应该积极地接受互联网带来的新技术，并将它们运用到自己的领域中，使它们发挥出最大效用。

财务会计的问题在很大程度上可以通过互联网新技术加以解决。在这个信息化程度非常高的时代，很多信息都可以在互联网上找到，这就大大降低了信息的获取成本，减轻了会计人员获取信息的负担，提高了劳动效率。同时，互联网可以保管财务信息，通过对财务信息的备份，即使书面的账簿遭到损坏，也可以进行数据还原。互联网的操作往往需要权限，只有拥有相关的权限才能够进行数据输入或者修改，这样就在很大程度上减少了人为问题的产生，改善了监督系统。互联网在近些年发展迅速，出现了许多新的技术，这些技术可以改变原有生产模式，推动会计行业进入一个新的阶段。因此，研究互联网时代财务会计的发展趋势尤为重要。

第一节 互联网时代会计的发展趋势与思路创新

一、互联网时代财务会计的发展趋势

(一) 互联网时代财务会计——专业化趋势

财务会计工作主要是对财务会计信息进行分类、记录、计量、计算和报告。在这个过程中，必须保证财务会计信息的准确性、及时性，同时财务会计系统的运行过程必须与经济运行主体的全过程相适应。要满足这个要求，财务会计人员就必须是复合型人才，同时具备科技、管理知识以及创新思维。财会人员要具备扎实的财务会计、管理会计和审计知识，熟悉企业业务流程、产品生产工艺，等等。

企业的业务往来都会有相应的会计信息产生，每一笔业务对应着一个会计信息。财务会计必须准确、及时地记录这些会计信息，并对其进行全面的数据分析整理，最终为企业领导者和投资者提供简单、明了、全面的企业财务报告，让领导者和投资者全面掌握企业的财务状况，为他们的决策和投资提供可靠的依据。这就要求财务会计人员必须具备较强的分析能力，能够通过对各种财务会计信息的分析，让领导者找到提高企业利润的方法、投资的正确方向以及最佳的营销策略。当代社会经济发展迅速，诚信在社会中变得越来越重要。作为财务会计人员，保证会计信息的真实有效是我们最基本的职责，也是在工作中讲诚信的重要体现。今天，随着网络信息的快速发展，财务会计也得到了迅速发展，企业信息的使用者都可以在网上查到自己所需的信息，会计信息相对透明，这也就意味着所有人都可以对会计信息的真实性进行监督，因此财务会计人员必须诚实、守信。综上所述，我国必须建立规范的财务会计职业道德体系，大力开展会计职业道德教育，提高会计职业道德修养。

(二) 互联网时代财务会计——多元化趋势

从国内实际情况来看，会计师事务所是我国最为主要的会计服务机

构。会计师事务所作为专业服务机构，其通常为会计单位提供包括审计、资产评估、管理咨询、造价咨询、税务代理等诸多内容在内的服务。其中，审计业务在会计师事务所业务中的占比超过八成，并以年度会计报表审计和上市公司审计为主要工作内容。我国会计师事务所成立时间短，自身的形象和信誉尚未完全建立起来，资本积累有限，工作方法和手段、人员素质以及事务所的规模等方面与国外同行相比差距较大。当前，市场竞争机制不断成熟，我国会计师事务所林立，如何适应会计师事务所的多元化和专业化的发展趋势，使其在市场竞争中不断稳固自身地位是必须不断探讨的问题。国内会计师事务所可以考虑加入国际知名会计师事务所，依靠其品牌影响力来发展自己，并以国内实力雄厚的会计师事务所作为支撑。

多元化的会计信息系统构建是一种比较理想的模型，在具体设计和应用的时候还有种种问题需要解决。考虑到很多数据库基本元素的独立性、共享性、多维性、集约性不足，将会计事项和数据库技术进行结合还是会有一定的问题。同一个会计数据要满足不同利益相关者的需求，就需要结合不同的会计政策进行处理，这必然要求这些会计理论和数据库进行结合，但这在具体的实践中有可能出现差错。

(三) 互联网时代财务会计——云会计趋势

云计算是通过网络云将一个数据处理程序分解成无数个小程序，再通过多个服务器组成的系统处理和整合这些计算结果并返回给客户。通过这项技术可以在短短几秒内实现庞大的数据处理，从而实现高效的网络服务。云计算将网络中的众多计算资源结合起来，只需要少量的人员参与就可以快速提供资源。除此之外，云计算的特点也体现在它的高灵活性、可拓展性和高性价比上。由于云计算主要运用的是虚拟化资源，大多数资源都存放在云计算的虚拟资源池中统一管理，可以灵活调用，快速地按照需要部署资源。云计算主要有三种服务，分别是基础设施即服务、平台即服务和软件即服务。基础设施即服务就是通过云计算的虚拟资源池为用户提供虚拟化的计算资源；平台即服务是为开发人员提供一个全球互联网构架平台，为开发人员提供一个良好的开发环境；软件即服务就是提供一些供应商托管的软件程序，允许用户连接到程序并通过全球互联网访问程序。云会计就是利用云计算进行会计服务，通过云技术在网络上构建一个虚拟的会计信息系统，完成会计核算和会计管理等内容。与传统的会计软件不同，云会计不需要购买会计软件安装在特定的电脑上，而是通过在线会计软件，随时随地通过互联网接入系统，没有使用设备的限制。这样就降低了企业的财务成本，企业不需要为每一台电脑都购买财务软件，只需要购买一次就可以通过不同的设备使用系统软件。同时，企业可以根据需要从不同的供应商那里购买计算软件，提高企业的运作能力。另外，加快了企业的信息化进程，将财务部门与生产部门、销售部门联系起来，使财务部门等可以获得第一手资料，更有利于期末报表的制作和企业资金的管理。其他部门也可以迅速获得财务部门的信息，了解自己部门的预算使用情况和资金运作情况。最显著的优势应该是云会计实现了企业会计的随时办公、随地办公，只需要通过互联网登录系统，就可以获取财务信息，进行会计处理。

(四) 互联网时代财务会计——区块链记账

区块链提供了一种新的信任模式。目前广泛使用的信任模式是集中化的。与此同时，集中信任机制必然在时效、费用方面存在天然的不足。区块链是一种分布式分类账。所谓分布式，是指信任不再集中在某个集中化的机构，账本的一个改动将在多个节点备份，一旦发生就无法篡改，因此让人们无须再依赖中央机构仲裁交易。虽然受到计算速度、成本上的限制，但是区块链已经到了商业应用的阶段。

由于区块链是分布式账本数据库，它通过一连串的数据块，使全网的信息与资源都包含在这些数据块中，用于验证信息的准确性以及交易的有效性。在一笔交易中，先由交易的提出方提出相关要求，然后在网络中的各个节点对该需求进行搜集，每个节点竞争性地通过计算机进行交易验证，先找到解的节点就获得了新区块的权利，也就表示检查通过该交易有效。之后，全网各节点还要对该交易进行核对，在所有节点确认准确性以后就可以更新账本，形成新的区块链，这笔交易也就正式完成了。简单地说，区块链就是将互联网分成一块一块的区域，由每块区域以自己的权限进行信息的记录与上传，是一个分布式的数据库和共享账本。区块链的一大特征就是去中心化。它不再借助第三方管理，没有中心管理，各个节点实现了信息的自我验证、传递和管理。这也体现了区块链的独立性，不依赖第三方，所有节点可以自行进行信息的上传和验证。区块链的每一部分都只有那一部分的权限，不能干扰其他部分的数据，这就避免了人为修改数据的可能，增强了信息的安全性。同时，区块链技术是开源的，除了一些企业的私密信息被加密以外，每个人都可以查看信息，整个系统公开性、透明度很高。最后，区块链还具有不可修改的特点。信息一旦经过验证传输到区块链就会被永久地储存起来，在单个节点上对数据的修改是无效的。

区块链技术主要是依靠一个金字塔结构的框架，由下而上一共有六层，分别是数据层、网络层、共识层、激励层、合约层和应用层。数据层是最基础的一层，它通过链式结构形成区块链，再通过时间戳对每一笔交易进行记录，最后通过公私钥数据加密技术保证交易的安全性。网络层就是通过 P2P（Peer-to-Peer，点对点）组网技术，对每一项交易在各个节点中进行播报，通知各节点去搜集有关需求的信息的。共识层是区块链的核心技术，通过网络节点的各种共识机制算法在各节点之间达成共识，进行交易，通过竞争性地搜集信息，最先搜到的获得新区块的权利。激励层则是保证整个系统能够朝着正确的方向发展，对遵守规则的节点进行奖励，对不遵守规则的节点进行惩罚。合约层则是各种智能合约和脚本，对区块链技术进行编程。应用层就是区块链的实际应用场景，与各行各业联合起来，推动生产模式的改变。区块链在会计领域的应用是区块链记账。分布式账本指的是交易记账由分布在不同地方的多个节点共同完成，而且每一个节点记录的是完整的账目，因此它们都可以参与监督交易合法性，也可以共同为其做证。数据不只保存在一个中心节点，而是在全网的计算机中都保存一次。区块链记账中有许多的节点，每一个节点相互独立、地位平等，共同记录账本数据，降低了个人篡改账本数据的可能性。同时，每一个节点都保存着账本的信息，单个节点的破坏不会造成账本的丢失，在很大程度上保证了数据的安全性。在各个节点之间采用共识机制，保证了数据的一致性，不需要再由中心节点向备份节点同步数据。

二、互联网时代财务会计思路的创新

（一）财务会计与大数据有机结合

财务部门是企业中与数据联系最紧密的部门之一。随着大数据时代的到来，财务部门为会计部门管理者财务分析提供了更多的信息资源。大数据是规模巨大、结构复杂的数据集合，在合理时间内快速获取、存储、管理、共享、分析可以提供巨大的利用价值。大数据具有四个特点，即数据量迅速持续增加、数据输入/输出速度快、数据类型和来源多样化、数据价值密度低。

会计大数据是在原有会计数据的基础上进行延伸之后形成的。它不仅包含在企业内部各部门信息互通的基础上拥有的与会计相关的数据，还包含为实现某一特定目标，企业通过物联网从外部公开网站获取的同行业竞争对手的财务报告、国家CNP（Comprehensive National Power，综合国力）指标等所有其他的会计数据资料；不仅包含原始的会计数据，还包含经过加工处理之后的会计信息。比如，采购部门所拥有的供应商数据和信息、销售部门所拥有的客户数据和信息、生产部门所拥有的产品数据和信息都是会计大数据。会计大数据可分为财务会计数据和非财务会计数据，按获取方式又可分为结构化数据、半结构化数据以及非结构化数据。

会计大数据的特征如下。

1. 数据数量规模大

会计大数据是对原有会计数据的进一步延伸，包含企业内部总公司、子公司、各个部门的会计数据和企业外部的会计数据。数据量达到

PB、EB 以及 ZB 级别。

2. 数据种类繁多

会计大数据不仅包括财务会计数据，还包括非财务会计数据；不仅包括数字等结构化数据，还包含网页资料、发票图片、购销合同等半结构化数据和非结构化数据。

3. 数据输入/输出速度快

随着物联网等 IT 技术的发展，平板电脑、手机、PC 以及分布在世界各地的传感器都可以是数据产生的来源和数据接收的载体。传统会计数据对时间处理要求不高，但是在会计大数据处理上一般要在秒级时间范围内给出分析结果，因为时间太长就失去了价值。

4. 数据的依赖性与无形性

会计大数据的产生依赖业务的产生，没有业务就没有会计大数据，因此会计大数据具有依赖性。另外，会计大数据不仅是单纯的会计数据，还包含经过加工处理之后的会计信息，因此具有无形性。

大数据时代背景下，企业财务会计必须紧跟时代的发展步伐，在激烈的竞争条件下获取优势，紧抓机遇，化挑战为动力。尤其是中小企业更应当发挥大数据的优势，体现自身特色。具体来说，中小企业要从内部小数据入手，逐步形成完善的供产销系统，加强自我管理，体现其灵活、精准的特点，构建完善的企业管理体系，结合企业的发展形势，对此体系不断拓展，获取更高的经济利润。由此可见，从企业本身发展来讲，将大数据技术应用于财务会计环节无疑是重要的决策，需要发挥大数据技术的应用优势，针对性地对技术进行更新，引进先进的大数据理念，实现因地制宜，结合自我发展需求，对管理方式进行创新，从而最大限度地保证财务会计工作质量，为企业的运营以及发展创造更高的经济效益，使之在行业中长远立足，实现持续性的发展。

（二）有效利用云计算技术，提高信息分析技术水平

在大数据时代背景下，企业的运营以及发展过程中会产生许多非结构化数据信息，很多时候建立在管理会计信息的应用基础之上，无论是

从销售、供应还是生产各个环节来讲都会产生海量的数据，因此，必须对这部分数据信息的价值进行深度挖掘，发现其中蕴含的财务会计含义，在大数据财务会计中体现其应用价值。

1. 加强对信息技术的应用

云计算是以信息技术为支撑的，因此要想提升企业财务会计人员对云计算的应用能力就必须加强信息技术的应用。一方面，要借助大数据等现代化信息技术手段对财务会计的各项信息进行广泛的收集、整理、分析和储存，以此建立完善的财务会计信息系统，并实现该系统的共享，使财务会计工作在各个环节和流程中都能够获取相应的信息技术支撑；另一方面，要实现信息技术应用的常态化机制，通过现代化的信息科技实现对财务会计信息系统的更新和维护，使其不断扩充信息技术含量，以此降低其信贷资金所面临的风险及损失，提升商业银行信贷资金的管理效率，提升其信贷资产的质量，促进商业银行的健康发展。

2. 促进信息化管理的标准化

基于云计算背景下的财会信息化，有助于促进中小企业标准化管理的实现。一方面，由于各中小型企业的经营发展战略各不相同，在云计算应用之前很难形成标准化管理模式，但云计算模式推广之后，各企业为了适应新形势变化、加强自身市场竞争力，将向更加专业化、标准化管理方向发展；另一方面，由于云计算具有较强的可扩展性，可以帮助企业更加灵活地掌控、调整企业内部各个财务核算环节，并能够将企业的财务、业务、行政等部门集中到同一个平台工作，实现部门间的无缝衔接和在线协作，更利于标准化管理。基于此，企业可有效利用云计算技术手段，有效利用处理分析技术，提高技术水准，将云计算系统与数据处理分析技术相结合，通过互联网这一途径对海量的数据信息进行加工，整合已储存的数据资源，从非结构化数据中筛选有价值的信息，而后归类为半结构化数据，经过层层筛选，最后获得结构化信息，发挥处理技术的作用，有效利用数据挖掘技术，结合财务会计等实际需求，掌握数据的财务会计含义，逐步形成完善的财务会计信息分析技术，提高信息分析技术的应用水准，突破存储空间不足的桎梏，对庞大的数据信息体系进行高效分析、处理，从中筛选极具价值的数据。

（三）制定健全的信息技术保密机制

传统的信息化模式容易造成信息闭塞，面对日益变化的数据信息，不能及时对财会数据进行挖掘分析，进而影响企业制订战略规划。但在云环境下，可以根据企业的实际需要实时进行数据更新和备份，并通过联网终端上传到云存储当中，也可以针对不同企业有针对性地处理预算控制、成本核算等会计信息，企业各部门只需要通过浏览器就可以访问到想要的财务软件应用，并享受云服务商提供的其他技术支持和服务等，在实现内外部信息移动共享的同时解决了数据分布存储、数据实时备份等问题。也是基于此，需要做好信息技术安全防范工作，逐步形成完善的风险应对机制，以保证信息传输、共享过程的可靠性以及安全性，避免出现信息泄露的问题，最大限度地维护客户关系。一方面，可通过外包的形式事先对服务商的信誉进行调查，明确其服务水平，尽可能地选择与安全性强、知名度较高的云计算服务平台商进行合作以提高服务质量，降低信息泄露的可能性，避免信息泄露这一问题带来巨额经济损失。另一方面，企业应当提高数据处理水平，在此基础上，运用加密技术，以防止出现数据伪造、非法访问以及篡改数据等各类行为。例如，客户在填写资料后，需要设置相关的选项，由客户自行选择是否同意信息共享，拒绝共享的应当对相关数据信息进行加密，以确保信息的存储安全。

此外，云计算还能够在长周期维护、业务决策支撑、科研高性能计算等领域发挥优势。云计算与边缘计算之间是互补协同关系，前者更适合全局性、非实时的较大规模资源占用的场景，后者则适合局部性、实时、短周期的小规模资源占用的场景，能更好地支撑本地业务的实时智能化决策与执行。中小企业可以将日常作业的数据信息直接通过网络传输到远程数据中心进行存储和计算，再根据需要访问相应的计算机存储系统，这将大大节省信息化建设成本，并能有效提高工作效率。

第二节　互联网会计模式的创新

一、“智能+会计”模式创新

“智能+会计”绝不是在经典会计模式下简单地用AI技术替代人工来提高现有会计业务流程的效率和质量，而是用其带来的新技术、新思维推动会计模式创新，实现会计工作的转型升级，甚至整个会计行业全方位的自我革命性变化。“智能+会计”的终极目标是构建一个能够自主感知、学习、决策、执行、控制和适应的智慧会计系统。在算法和算力的支持下，根据数字化和智能化不同发展阶段的组合，“智能+会计”模式可分为信息化、数字化、智能化和智慧化四种形态，分别对应计算智能、分析智能、融合智能和自主智能四个AI技术发展阶段。

（一）计算智能：信息化会计

当数字化和智能化均处于较低水平时，计算机主要发挥AI的基础性计算智能作用，替代人工完成部分会计信息的加工任务，我们将这一阶段定义为信息化会计。由于财务会计工作流程稳定，涉及大量数值型数据处理，并且处理算法相对简单，在不同组织之间具有高度一致性，因此在微型计算机发展的推动下，着眼实现财务会计流程自动化的会计电算化于20世纪60年代末到20世纪70年代中期在发达国家得到快速普及。由于大量财务会计工作岗位逐渐被计算机替代，财务会计人员开始更多地从事管理会计工作，甚至是信息系统开发、实施和维护工作。

20世纪80年代，企业经营环境日趋激烈，准时制造、柔性制造、全面质量管理等新模式层出不穷，会计作为决策信息主要提供者的角色地位受到企业其他部门的挑战。20世纪90年代，随着企业数字化程度的提高，企业通过ERP系统优化和重组业务流程，将会计、制造、人力资源、供应链、销售、财务、预算和客户服务活动等业务流程进行集成和控制，会计流程与其他业务流程开始融合，传统会计信息生产接近自动化，会计在组织中的传统作用进一步退化。这时，管理会计要么构建新的技术体系，要么将工作重心前移，向更加广泛的财务和非财务信息生产、解释和咨询角色转变，从而进入了会计信息化阶段。

这一阶段的显著特征就是将反映业务事件的属性转化为可录入系统的结构化数据。虽然 ERP 系统试图将企业资源都纳入数字化管理，但由于数据采集、存储和处理能力的限制，许多反映业务事件属性的信息仍需人工录入系统，并且有许多属性的信息被排除在系统之外。

（二）分析智能：数字化会计

进入 21 世纪，随着互联网的普及、网络应用的迅猛发展，新技术的应用带来了大量的多源异构数据，云计算带来的算力增长推动着整个社会的数字化程度跃变式发展，大数据时代悄然来临。在企业层面，随着第四次工业革命的到来，在射频识别、实时定位系统、物联网、增强现实和虚拟现实等技术的支持下，价值链上的企业与企业之间、企业与顾客之间、企业内部不同层级的业务单元之间的数字化集成水平更高。在企业的智能工厂，通过信息物理系统实现了信息世界和物理世界的互联互通，通过传感器检测业务需求，通过互联网与其他远程生产工具建立通信，通过大数据获取所需的生产信息。在此背景下，企业需要进行数字化转型。对会计而言，需要借助企业数字化转型的机会，进行数字化会计模式创新，为会计职业打开新的发展空间。

数字化和信息化的不同之处在于，数字化是由机器自动完成数据的采集和录入，信息化则需较多的人工操作。数字化会计是一种由大数据驱动的模式创新。有研究认为，在会计环境中使用大数据将是一种破坏性的力量，因为它需要对传统会计工作模式进行重大变革，数据记录等传统会计任务将变得不那么重要，管理会计技术将逐渐过时。大数据技术可为资产评估、成本分析、预测和预算提供替代方案，管理者可以获得大数据提供的海量外部信息以帮助其做出决策，这将影响到会计作为业务知识创造者的角色。在数字化转型背景下，信息化会计阶段的 ERP 系统难以整合各种实时的大量多源异构数据，这时就需要通过一个虚拟数据仓库，将组织内外的多源异构数据进行虚拟集成。经过虚拟集成的大数据不再根据部门职能边界进行分割，在保证数据安全性和保密性的前提下，各业务部门都可利用大数据分析工具对这些数据进行分析。

在数字化会计阶段，会计人员的核心技能不再是对原始信息的收集、录入和加工，而是对多源异构数据尤其是非结构化的大数据进行分析，并将结果进行可视化呈现，在必要时为信息需求者提供解释。这一阶段开始发挥 AI 的分析智能作用，在对历史数据描述性分析的基础上，可以进行初步的预测性分析。但由于此时的智能化程度较低，大多数分析任务都是手工完成的，劳动强度高，处理速度慢。

（三）融合智能：智能化会计

会计工作充满了专业判断，这种专业判断过程复杂且易出错，因此要求会计人员有丰富的职业经验。智能化会计就是希望利用 AI 来替代人工完成专业判断工作，减少会计工作的人工干预。AI 在会计领域的应用最早可追溯到 20 世纪 80 年代的专家系统，其主要用于审计计划、风险评估、坏账准备测试、税务筹划、银行破产预测、内部控制评估等领域。这一时期的专家系统被认为是试图复制人类专家的行为和专业知识、存储人类知识和经验并将其转化为规则的软件程序，从而试图解决会计问题并执行一些会计任务。但要让专家系统掌握人类所具有的看、听、说、推理和学习能力，当时的 AI 技术还无法实现，其在实践中没有发挥明显的作用，最终导致这类系统上线不久后就被弃用，AI 在会计领域的应用也陷入停滞。

AI 在会计领域的早期探索遇到挫折的主要原因在于，当时的数据、算法和算力还不足以支持 AI 模拟人类智能的高级方式，从而导致 AI 的理想与现实之间出现无法逾越的鸿沟。随着 ERP 系统的普及应用，可用的结构化数据大幅度增加，这时可以逐渐让专家系统具备一定的学习和推理能力，提升专家系统的智能化水平。不过，在数字化程度较低的条件下，AI 的智能化水平非常有限，只能在较低水平、有限范围内应用，需要大量的人机交互方可完成任务。在此过程中，人类和机器之间最有效的分工模式是人机融合智能，即利用人类智能和 AI 的互补优势，使两者的行为比各自独立时更聪明。

虽然现在已经进入非结构化数据占主体的大数据时代，但“智能＋会计”的数据还是以海量的结构化数据为主。只要政府、行业和企业将各自掌握的结构化数据逐步实现有条件的开放共享，专家系统的智能化水平就有望得到逐步提升。目前，区块链技术已经开始用于帮助提高数据传递的安全性和完整性，机器人流程自动化也被用于自动完成会计工作中涉及的多系统交互任务，这些新技术的应用有助于提高智能化会计的自动化水平。在智能化会计阶段，智能化、自动化水平的提升极大地减少了人工会计工作需求，原会计工作内容已经缩减到人机交互中需要进行判断、决策的领域。

(四) 自主智能：智慧化会计

真正意义上的 AI 是一个能够正确地解释外部数据，从这些数据中学习，并通过学习到的成果来实现特定目标的系统。随着时间的推移，对算法进行训练的数据越来越多，AI 会不断获得人类智慧，做出的决策也会越发聪明、有效。“智能＋会计”的远期发展目标是要让 AI 全面逼近人类智慧，甚至在某些特定领域超越人类智慧，让 AI 走向自主智能。在自主智能的作用下，“智能＋会计”逐步走向具有自主感知、学习、决策、执行、控制和适应能力的智慧会计系统。智慧会计系统创造性地运用 AI 新思维、新理念、新技术和新方法来重构会计流程、技术和方法，推动会计职能不断拓展。智能化会计的发展侧重用机器智能模拟人类智能，主要是为了实现自动化；智慧化会计侧重发挥机器自身的优势，突破传统会计思维的局限，主要目的是创新与创造。

二、“互联网＋会计”模式创新

会计电算化的出现使会计信息处理有了质的飞跃，互联网技术推动了会计信息系统从桌面走向网络，单机工作系统的不足日趋明显。为了适应环境，互联网时代会计信息系统应运而生，弥补了会计电算化的不足，使会计工作从理论观念到工作方式、手段等方面都有了重大的发展，成了会计发展的新领域。互联网时代会计信息系统是基于网络计算技术，以实现联网环境下财务管理模式、财会工作方式及其各项功能，从而实现管理信息化的系统。

互联网＋是把互联网的创新成果与经济社会各领域深度融合，推动技术进步、效率提升和组织变革，提升实体经济创新力和生产力，形成更广泛的以互联网为基础设施和创新要素的经济社会发展新形态。近年来，互联网＋逐步深入人心，已经改造及影响了各行各业。会计工作的许多方面也开始与互联网深入结合，网络代理记账、在线财务管理咨询、云会计与云审计服务等第三方会计审计服务模式初现端倪；以会计信息化应用为基础的财务一体化进程不断提速，财务共享服务中心模式逐渐成熟；联网管理、在线受理等基于互联网平台的管理模式成为会计管理新手段；在线联机考试、远程培训教育等已成为会计人才培养的重要方式。

另外，“互联网＋”也符合我国对创新的鼓励和需求，用互联网思维改革现有的产业模式，从而焕发出产业的生命力。“互联网＋”能够在短时间内获得如此巨大的发展主要归功于它自身独特的优势。首先，互联网是一个实时的系统，一方记录数据，另一方可以迅速地在网上搜索到并且进行交流与沟通。这就满足了现代社会对信息传递的需要。其次，互联网是公平的，每个人都有权利在网络上发布和获取信息，这增加了互联网信息的全面性和交互性。社会也对人们判断信息的准确性提出了要求。最后，互联网使人们获取信息变得很方便，没有了时间与空间的限制，随时随地可以获得自己所需要的信息，满足了人们和社会发展的需要。“互联网＋会计”是以互联网技术为依托，实现会计信息的高速传递与整合，以提供及时、准确、全面的会计信息。具体而言，互联网形态下市场经济竞争加剧，首先，会计信息使用者对会计信息提供速度的要求更加及时；其次，会计信息使用者对信息质量的要求更加精确；最后，会计信息使用者对信息范围的要求更加全面。“互联网＋会计”就是运用了大数据、云计算等技术改进传统会计工作方式，通过对信息的整合、分类，使会计人员的工作更加便捷。“互联网＋”为会计的发展提供了新的技术支撑。有了云计算、大数据的支持，会计核算更加高效、便捷，并且使信息的处理更加规范、集中。“互联网＋”可以帮助会计人员进行预算管理、风险控制和绩效管理等，帮助财务会计向管理会计转型，实现管理的准确化和高效化。

所以，要为促进“互联网＋会计”时代的深度融合营造有利的政策环境，既要完善会计标准体系及配套机制，又要加快修订有关会计方面法律法规的速度，为会计与互联网深度融合提供有力保障；既要稳步推进互联网技术在会计考试、继续教育、会计人员管理等领域的有效应用，又要利用信息技术规范管理，提高效能，推动会计管理与会计监督工作再上新台阶。在企业层面，要为适应“互联网＋会计”时代的新要求做好调整与准备，既要充分认识“互联网＋会计”时代的商业模式、思维模式及数据处理模式的大变革，在管理思维、经营理念、组织架构等方面做出调整与准备，又要充分发挥互联网在信息交换、数据汇总、集成管控等方面的优势，在会计岗位设置、会计职能定位等方面做出调整与准备，使管理会计的职能得到充分发挥，让企业财务部门更有效地参与分析决策，进行内部控制。在会计师事务所层面，要为抓住“互联网＋会计”时代的新机遇而加快信息化建设步伐。要充分运用移动互联网、云计算、大数据等信息技术，既应用于协同办公管理系统建设、行业信息管理系统升级和行业信息化咨询服务，也要完善会计师事务所的审计软件应用，推动借助互联网的“智能审计”业务加快发展，切实提升会计行业服务国家战略的水平。在会计人员方面，要为应对“互联网＋会计”时代的新挑战而奋发学习。广大会计人员一方面要适应互联网所带来的信息技术新挑战，学习、掌握互联网应用技术，在财务管理工作中应用大数据、云计算等，借助信息新工具，更高效地履行分析、决策、辅助管理等新职能；另一方面，要适应互联网所带来的业务延伸新挑战，加强国际化能力的全方位锻造，为服务企业“走出去”，承接境外企业会计外包业务等做好准备。

三、财务共享服务创新

随着企业的发展、企业规模的不断壮大，管理层级越来越多，地区分布越来越广，伴随着与“互联网+”的融合，财务工作面临的问题也不断增加。首先，随着企业规模的不断扩大，财务工作在数据的收集、整理上需要投入大量的人力、物力、财力，导致成本增加。其次，管理层级的增多导致财务工作效率降低，不利于财务工作与各部门的沟通，财务工作会集中精力处理数据的核算，而疏于对企业数据分析，忽略管理会计的作用，与各部门的沟通不畅又会造成对企业数据的分析不全面。最后，随着地域的分布越来越广，各个子公司的财务部门对集团财务制度理解不一致，造成了财务工作在数据的获取和整理中出现分歧。

在互联网时代，企业需要解决这些问题，顺应互联网发展，运用新型的信息技术，开创新的模式，从根本上改变财务管理模式。

在互联网时代，企业不再受到时间、地域的限制，企业的价值不是由单一的价值链创造出来的，而是由网络形成的新的管理方式所创造的。在这种情况下，财务共享服务作为一种新型管理模式正在许多跨国公司和国内大型公司中兴起与推广。财务共享服务通过对管理的标准化、规范化，对运营业务的整合和流程的再造，达到了提高管理效率、压缩成本、提升服务水平的目的，同时解决了大型企业财务组织重复性建设和效率低下等问题，并成功减轻了财务人员的压力，也使财务会计向管理会计迈进。

随着国内企业对共享服务的不断深入，政策层面对企业实施财务共享服务支持的力度也在增强。财务共享服务是财务人员将数据收集、整理，使财务数据更加集中，而财务数据的集中是为了通过服务更好地诠释数据，将数据的分析传递给企业的各个部门，并将研究结果很好地运用到经营活动中，使企业在数据的支撑下，更好地规划未来，使企业增值。这种方式对财务部门的工作有更高的要求，能够成为企业经营决策、业务导向的重要支撑，可以大力发展财务人员的管理职能，使财务部门更加贴合企业发展方针、更具创造能力。

参考文献

[1]徐勤.会计基础理论与实践研究[M].西安:西北工业大学出版社,2017.

[2]陈兰.会计理论基础与实践应用研究[M].西安:西北工业大学出版社,2019.

[3]李正章.会计学基础理论与实践教育研究[M].昆明:云南人民出版社,2019.

[4]李正章.会计基础教育理论与实践研究[M].咸阳:西北农林科技大学出版社,2019.

[5]耿聪慧.会计理论与实践研究[M].成都:电子科技大学出版社,2017.

[6]左志刚.会计理论与实务案例[M].沈阳:东北财经大学出版社,2017.

[7]翟少红.会计学基础[M].武汉:华中师范大学出版社,2018.

[8]于新茹,潘栋梁.现代财务会计理论及实践研究[M].长春:东北师范大学出版社,2017.

[9]张先治.会计准则变革的非预期效应研究[M].沈阳:东北财经大学出版社,2019.

[10]孙琳.政府会计学:理论与实务[M].上海:上海财经大学出版社,2019.

[11]郑学健,刘洪亮.基础会计理论与实践教程[M].北京:北京理工大学出版社,2013.

[12]邢广陆,张静.基础会计学生活中的应用[M].北京:北京理工大学出版社,2018.

[13]陈建明.经济管理与会计实践创新[M].成都:电子科技大学出版社,2017.

[14]张丽,赵建华,李国栋.财务会计与审计管理[M].北京:经济日报出

版社,2019.
[15]宋廷山,郭思亮.基础会计理论与实践[M].北京:经济科学出版社,2016.
[16]荆新总.基础会计[M].成都:电子科技大学出版社,2018.
[17]陈桂菊,段云平.零基础学会计[M].上海:立信会计出版社,2020.
[18]杨秀英.基础会计[M].北京:北京理工大学出版社,2021.
[19]王卫星,王文华.基础会计[M].上海:立信会计出版社,2019.
[20]徐国民.基础会计[M].北京:北京理工大学出版社,2020.
[21]陈英蓉.基础会计电算化实务[M].北京:北京理工大学出版社,2019.
[22]高彩梅.基础会计[M].重庆:重庆大学出版社,2022.
[23]袁紫嫣,侯艳,李加强.基础会计详解与实务[M].成都:西南交通大学出版社,2019.
[24]孙桂春,韩潇,孙美娇.基础会计与实务[M].北京:北京理工大学出版社,2019.
[25]申艳.基础会计实训教程[M].北京:北京理工大学出版社,2019.
[26]袁泉.基础会计[M].北京:中国政法大学出版社,2020.
[27]赵盟.基础会计第2版[M].沈阳:东北财经大学出版社,2018.
[28]马春英,姜昕.会计学基础第2版[M].沈阳:东北财经大学出版社,2018.